我潇洒橙衣飘飘
挺拔而立郁金香

荷兰队

流年 编著

典藏版

ZB 直笔巨献

直笔体育百科系列

SJ 北京时代华文书局

目 录

荣耀时刻

⚽ 1988年欧洲足球锦标赛（简称"欧洲杯"）决赛，荷兰队2：0击败苏联队。路德·古利特首开纪录，马尔科·范巴斯滕锁定胜局。这是荷兰队历史上首次夺得欧洲杯冠军，也是荷兰队在2024年欧洲杯开赛前唯一的国际大赛（世界杯和欧洲杯）冠军。

荷兰队决赛出场阵容（"442"阵形）：

守门员：1-汉斯·范布鲁克伦

后卫：2-阿德里·范蒂格伦、4-罗纳德·科曼、17-弗兰克·里杰卡尔德、6-贝里·范阿尔莱

中场：13-埃尔文·科曼、20-扬·沃特斯、8-阿诺尔德·穆赫伦、7-杰拉德·范恩博格

前锋：12-马尔科·范巴斯滕、10-路德·古利特

2

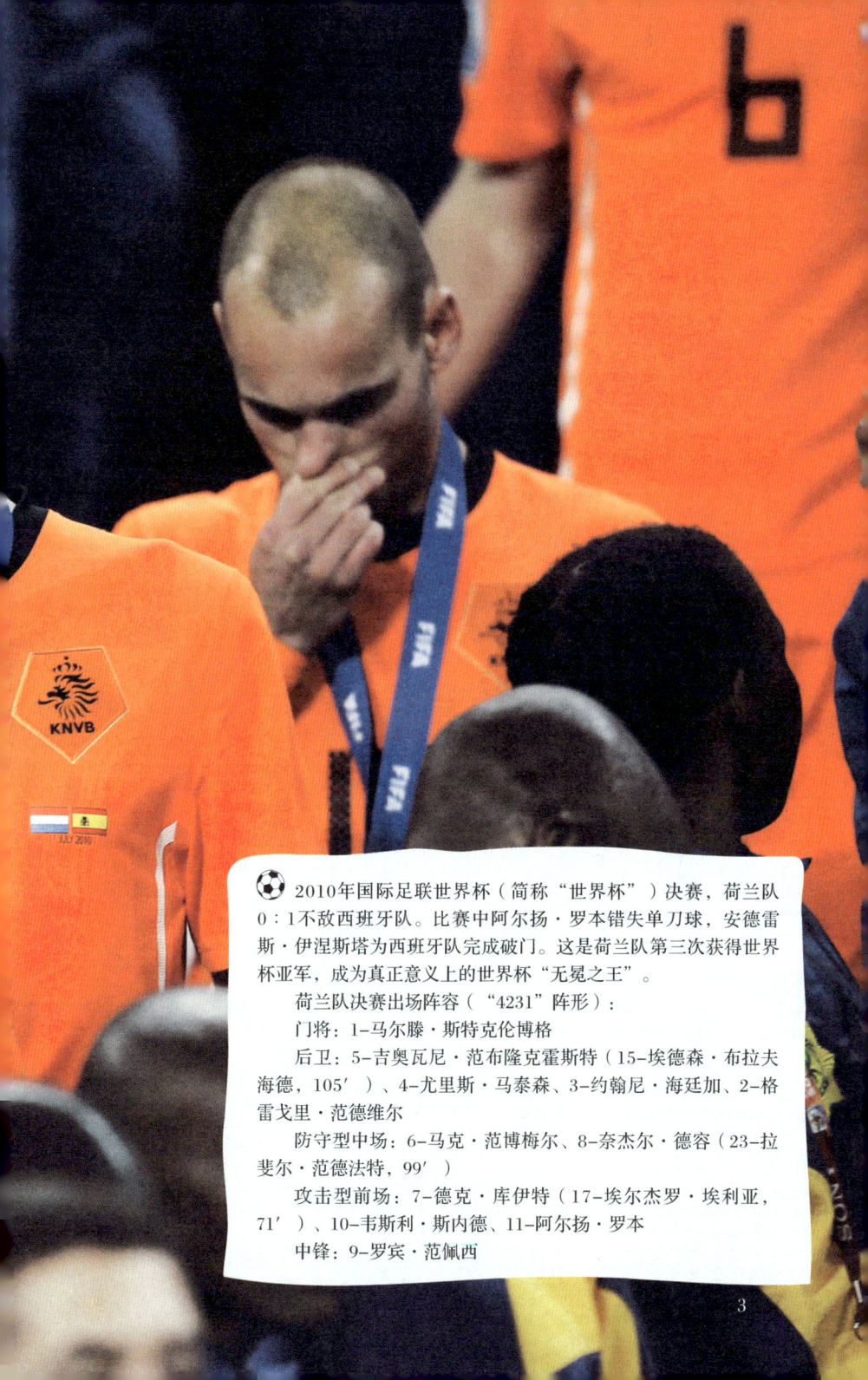

⚽ 2010年国际足联世界杯（简称"世界杯"）决赛，荷兰队0:1不敌西班牙队。比赛中阿尔扬·罗本错失单刀球，安德雷斯·伊涅斯塔为西班牙队完成破门。这是荷兰队第三次获得世界杯亚军，成为真正意义上的世界杯"无冕之王"。

荷兰队决赛出场阵容（"4231"阵形）：

门将：1-马尔滕·斯特克伦博格

后卫：5-吉奥瓦尼·范布隆克霍斯特（15-埃德森·布拉夫海德，105′）、4-尤里斯·马泰森、3-约翰尼·海廷加、2-格雷戈里·范德维尔

防守型中场：6-马克·范博梅尔、8-奈杰尔·德容（23-拉斐尔·范德法特，99′）

攻击型前场：7-德克·库伊特（17-埃尔杰罗·埃利亚，71′）、10-韦斯利·斯内德、11-阿尔扬·罗本

中锋：9-罗宾·范佩西

⚽ 1978年世界杯决赛，荷兰队1：3不敌阿根廷队。迪克·南宁加第82分钟扳平比分，但荷兰队加时赛连丢2球遗憾告负，连续两届世界杯获得亚军。从此荷兰队有了世界杯"无冕之王"的称号。

荷兰队决赛出场阵容（"433"阵形）

门将：8-扬·昂格布洛德

后卫：2-扬·波特夫列特、5-路德·高鲁、22-埃尔尼·布兰茨、6-维姆·延森（20-维姆·苏比尔，73′）

中场：11-威利·范德科克霍夫、9-阿里·汉、13-约翰·内斯肯斯

前锋：12-罗布·伦森布林克、16-约翰尼·雷普（18-迪克·南宁加，58′）、10-雷内·范德科克霍夫

1974年世界杯决赛，荷兰队1：2不敌联邦德国队，获得世界杯亚军。开场两分钟，约翰·克鲁伊夫制造点球，约翰·内斯肯斯为荷兰队破门得分。本届世界杯荷兰队凭借"全攻全守"的战术打法震惊世界，也从此成为世界足坛的一支劲旅。

荷兰队决赛出场阵容（"343"阵形）：

守门员：8-扬·昂格布洛德

后卫：20-维姆·苏比尔、12-路德·高鲁、17-维姆·赖斯贝尔亨（7-特奥·德容，68′）

中场：3-维姆·范哈内亨、2-阿里·汉、13-约翰·内斯肯斯、6-维姆·延森

前锋：15-罗布·伦森布林克（10-雷内·范德科克霍夫，46′）、14-约翰·克鲁伊夫、16-约翰尼·雷普

巨星榜

姓名：约翰·克鲁伊夫

出生日期：1947年4月25日

主要球衣号码：7号、14号、9号

国家队数据：48场33球

个人荣誉：3次金球奖

"球圣"

　　在世界足球历史上，有那么几个伟大的名字，必定是永恒的存在。对于德国足球，有弗朗茨·贝肯鲍尔，对于巴西足球，有贝利，对于阿根廷足球，有迭戈·马拉多纳。而对于荷兰足球，这个人就是约翰·克鲁伊夫，球迷心中的"球圣"。

　　克鲁伊夫，这位天赋异禀的明星球员，在踏上职业赛场的第二年便入选荷兰队。首战伊始，他便以超凡的球技征服了众人。仅用时52分钟，他就打入了自己在荷兰队的处子球。或许克鲁伊夫在荷兰队的生涯开局过于美妙，那么过程就要波澜一些。

　　从1966年上演荷兰队首秀，到完成在世界杯上的亮相，克鲁伊夫等待了8年之久。1974年世界杯，克鲁伊夫终于迎来在世界杯上表演的机会。此时的克鲁伊夫，已在俱乐部赛场收获满满，欧洲冠军联赛（简称"欧冠"）冠军、金球奖都已经收入囊中。

  在主教练里努斯·米歇尔斯的悉心指导下，荷兰队凭借着"全攻全守"这一超前战术，在1974年世界杯上大放异彩。而克鲁伊夫，无疑是这支队伍中最重要的"催化剂"，也是绝对的核心球员。他的进攻可以撕破对手的防线，他的组织又能给予队友巨大的帮助。荷兰队的进攻流畅，既充满美感又高效。因此，荷兰队几乎没有遇到太大的阻碍，便一路高歌猛进杀入决赛。

  但是美丽的足球，终究没有迎来最美丽的结果。在与联邦德国队的较量中，虽然克鲁伊夫早早地制造了点球，但是荷兰队最终还是输掉了比赛。接下来的1976年欧洲杯，几乎是同样的"戏码"，克鲁伊夫所率领的荷兰队这一次折戟半决赛。接下来属于克鲁伊夫的荷兰队岁月就变得不太完美了。在各种原

因影响下，克鲁伊夫未能出战1978年世界杯，荷兰队再次获得世界杯亚军。

克鲁伊夫的荷兰队征程，仿佛一幅精心绘制的画卷，生动地展现了荷兰足球在世界杯上的风云变幻，而克鲁伊夫则以悲情英雄的姿态，展现自己独特的魅力。当克鲁伊夫的球员生涯结束后，他接过了恩师米歇尔斯的衣钵，将"全攻全守"的战术带到了西班牙的巴塞罗那队（简称"巴萨队"），为这支豪门球队的崛起奠定了坚实的基础。

如今克鲁伊夫已经去世，但是他留下的足球财富被永载史册。无论作为球员还是教练，他都以自己的方式书写着属于自己的传奇故事。

姓名：马尔科·范巴斯滕

出生日期：1964年10月31日

主要球衣号码：12号、9号

国家队数据：58场24球

个人荣誉：3次金球奖、1次世界足球先生

"芭蕾王子"

如果没有伤病，这名球员或许能够取得更高的成就；如果运气再好一些，荷兰队会在他的率领下取得更优异的成绩。世界足坛没有如果，但是真的很希望在这名球员身上发生如果。这名有着特殊意义的球员，叫作马尔科·范巴斯滕。他是完美中锋的代表，他是荷兰队球迷心中的"芭蕾王子"，他更是荷兰队最伟大的"剑客"。

1983年，18岁的范巴斯滕成为荷兰队的一员，他犹如璀璨的星辰，首次照亮了荷兰队的天空。那时的他，青春洋溢，激情四射，对未来满怀憧憬。然而，在1986年世界杯预选赛中，范巴斯滕虽出场6次，但只打进1球，外界对他的非议如潮水般涌来，甚至有声音要求将他换下。然而荷兰队坚定地选择了信任范巴斯滕，这份信任日后被证明是无价的。

1988年欧洲杯，是范巴斯滕的荣耀之巅，也是他为自己正名的舞台。在与英格兰队的小组赛中，他上演帽子戏法。半决赛对阵联邦德国队，他传射建功，更是打入绝杀球帮助荷兰队挺进决赛。

　　在与苏联队的对决中，范巴斯滕光芒四射。上半场，他助
攻队友破门；下半场，他在右路接到传球后，毫不犹豫地直接抽
射，那记离底线极近的射门，角度近乎零度，球却精准地飞入球
门。这一进球惊艳了世界，很长时间都被誉为足球历史上最精彩
的进球之一。

　　在范巴斯滕的引领下，荷兰队终于获得了历史上的首座国际
大赛冠军奖杯，打破了外界对荷兰队"伪强队"的质疑，范巴斯
滕也因此成为最大的功臣。这是荷兰队的巅峰时刻，也是范巴斯
滕的荣耀瞬间。但是命运弄人，荷兰队的辉煌并未能延续。1990
年世界杯，荷兰队遗憾止步1/8决赛；1992年欧洲杯，荷兰队在

半决赛的点球大战中失利，而罚失点球的正是范巴斯滕。自1994年起，范巴斯滕因脚踝重伤无奈告别绿茵场。1995年，他宣布退役。

　　无情的伤病，没有让范巴斯滕绽放得更加绚烂，但是3次金球奖的殊荣，已经证明了他的传奇价值。尽管他个人荣誉满载，但那座未曾触及的世界杯冠军奖杯，始终是他最大的遗憾。

姓名：韦斯利·斯内德

出生日期：1984年6月9日

主要球衣号码：14号、6号、4号、18号、

15号、8号、20号、16号、10号

国家队数据：134场31球

中场大师

　　他是荷兰足球的天才少年、"黄金一代"中的佼佼者，率领荷兰队进入一个新的巅峰；他是其所效力俱乐部的核心球员，是身居中场位置的指挥官，所获俱乐部冠军荣誉无数；他更是金球奖的沧海遗珠，世界足坛欠他一次金球奖。他就是韦斯利·斯内德，荷兰队的中场大师。

　　斯内德自踏入荷兰队之日起便光芒四射。2003年4月，未满19岁的他，便以惊人的表现完成了荷兰队的首秀。在第二场比赛中，他便斩获个人在国家队的处子球。而在同年11月的欧洲杯预选赛附加赛第二回合的比赛中，斯内德不仅凭借一记远射破门，更是上演了助攻帽子戏法，帮助荷兰队逆转晋级欧洲杯正赛。

　　此时的斯内德就已经崭露头角，2004年欧洲杯、2006年世界杯，只是他征程的起点。2008年欧洲杯，斯内德开始展现出核心球员的风范，率领荷兰队先后战胜意大利队和法国队，两场比赛斯内德均有进球，连续被评为全场最佳球员。虽然荷兰队最终未能战胜俄罗斯队，但斯内德在整届赛事中打入2球、送出3次

助攻，并入选了赛事最佳阵容。

2010年，斯内德迎来了其职业生涯的巅峰。在俱乐部赛场，他力助国际米兰队勇夺意大利足球甲级联赛（简称"意甲"）、意大利杯和欧冠冠军，国际米兰队成为意大利足球历史上首支完成"三冠王"伟业的球队，他个人也收获了包括欧冠助攻王、欧冠最佳中场在内的众多荣誉。在世界杯赛场上，他更是打入5球、送出1次助攻，而且大部分的进球都在关键的淘汰赛阶段取得。在决赛上，罗本被对手门将扑出的单刀球，正是由斯内德的精准传球而来。

虽然斯内德拥有如此出色的表现，但他在2010年金球奖的评选上未能获得认可，这无疑是金球奖的悲哀，而非斯内德的遗

憾。2014年世界杯，尽管受到年龄的影响，斯内德仍助荷兰队闯入四强。然而，后继乏力的荷兰队终究未能弥补四年前的遗憾，但无论结果如何，斯内德的职业生涯已经足够辉煌。

在荷兰队，以及在阿贾克斯队、皇家马德里队（简称"皇马队"）和国际米兰队，斯内德都全力以赴，展现了最好的自己。至于结果，对于他这样的传奇球员来说，或许已经不那么重要。

姓名：阿尔扬·罗本

出生日期：1984年1月23日

主要球衣号码：14号、12号、13号、19号、18号、11号

国家队数据：96场37球

"小飞侠"

　　他是荷兰队在前锋线上的一把"尖刀"，锋利无比，足以刺破所有球队的防守；他是荷兰队边路进攻的一匹快马，风驰电掣，人送外号"小飞侠"；他是从一次次伤病中逆袭、收获无数荣誉的传奇球星。他就是阿尔扬·罗本。

　　2004年，罗本还是一个青涩的少年，带着无尽的好奇与憧憬踏入了欧洲杯的赛场。那一年，他虽未能在进球榜上留下自己的名字，却以3次助攻，默默地为球队的胜利贡献着自己的力量。随着时光的流转，罗本明白他需要掌握更多的技能，才能在绿茵场上留下更为深刻的印迹。

　　2006年世界杯，罗本迎来了自己的蜕变时刻。在对阵塞尔维亚和黑山队的比赛中，他凭借惊人的速度轻松地甩开了对方后卫，为荷兰队打进了本届世界杯的首球，那一球也成为他在这届世界杯上最为珍贵的回忆。

　　2008年欧洲杯，罗本再次为球队贡献了自己的力量。在小组赛阶段，他打入一球，这是他从左路制造出的惊喜，也是他在向世人展现自己的实力。然而，罗本最为标志性的内切射

门，直到2010年世界杯才得以展现。

在2010年世界杯1/8决赛中，罗本从右路内切，巧妙地躲开了两名对手后卫的围追堵截，用左脚打出了一记让门将措手不及的射门。球如同离弦之箭，直飞球门近角。在半决赛上，罗本更是用一个头球攻门，为荷兰队锁定了通往决赛的门票。

罗本已经不再是那个沉迷于和对手边后卫一对一的边路好手，而是一个对球门有着直接威胁的前锋。然而在决赛上，他却像许多前辈一样，错失了那个足以改变历史的好机会。他在单刀球的对决中输给了西班牙队门将伊戈尔·卡西利亚斯，荷兰队也再次与世界杯冠军失之交臂。

　　2014年世界杯，罗本用梅开二度的方式帮助荷兰队击败了西班牙队，但4年前错失冠军的遗憾依然未能弥补。他和他的队友已经不再年轻，"有心杀敌，无力回天"，说的就是2014年世界杯上的荷兰队，还有那个曾经无限接近成为国家英雄的罗本。

　　尽管在国家队赛场上留下了遗憾，但罗本在俱乐部赛场上却收获了无数的成功。在拜仁慕尼黑队，他成为球队在右路的绝对主力。出战309场比赛、打入144球、送出101次助攻，他用自己的表现为拜仁慕尼黑队带来了欧冠冠军的荣耀，所以在荷兰队和拜仁慕尼黑队球迷的心中，罗本永远是那个能带领他们走向胜利的"小飞侠"。

姓名：路德·古利特

出生日期：1962年9月1日

主要球衣号码：14号、11号、8号、7号、

6号、15号、10号

国家队数据：66场17球

个人荣誉：1次金球奖

"黑色郁金香"

郁金香的美丽，让爱花的人沉浸其中。荷兰队被称为"郁金香军团"，球迷也沉浸其中。在五颜六色的郁金香中，什么颜色最稀有？答案是黑色郁金香。而路德·古利特就是这一朵稀有的"黑色郁金香"，当然他也是赫赫有名的荷兰"三剑客"中的一员。

1988年欧洲杯，成名已久的古利特终于代表荷兰队在国际大赛上首次亮相。在对阵英格兰队的比赛里，古利特两次助攻队友破门。决赛中，古利特打进一球，帮助荷兰队战胜了苏联队，夺得荷兰队在国际大赛历史上的首个冠军。整届赛事，古利特凭借优秀的表现入选了最佳阵容。

可惜的是，在1990年世界杯上，失去团结的荷兰队表现不佳，纵使包括古利特在内的荷兰"三剑客"奋力拼搏，球队也只是勉强从小组赛出线而已，不过在这届世界杯上，古利特还是打入一球，为自己的第一次世界杯之旅留下了一个印迹。

虽然没能帮助荷兰队赢得世界杯冠军，但是古利特的成就已经足够伟大，1987年的金球奖就是对他最大的肯定，他的辉煌时刻也是一代人的青春回忆。

姓名：罗宾·范佩西

出生日期：1983年8月6日

主要球衣号码：18号、17号、11号、15号、14号、7号、16号、10号、9号、19号

国家队数据：102场50球

"飞翔的荷兰人"

  这是一名与斯内德、罗本齐名的天才球员，属于荷兰队的"黄金一代"；这是一名在前锋线上攻城拔寨、屡建奇功的伟大射手。这个球员的名字，叫作罗宾·范佩西。球迷亲切地称他为"飞翔的荷兰人"，中国球迷更喜欢称他为"范大将军"。

  作为荷兰队的锋线主力，范佩西的光芒四射，但是遗憾的是一直与世界杯冠军无缘。不过在世界杯的舞台上，范佩西也留下了球迷心中永恒的经典——确切地说，是一个进球让他的身影永远在世界杯的上空飞翔。

  2014年世界杯，荷兰队在小组赛遇到了4年前在决赛击败自己的对手——西班牙队。面对这个阻止了自己书写历史的对手，荷兰队上下一心，势必要在西班牙队面前展示自己的实力。于是在比赛的第44分钟，范佩西接到队友的长传球，在看到对手门将选择出击的情况下，纵身一跃，用头将球顶出了一个完美的抛物线，在为荷兰队扳平比分的同时，也拉开了这场进球大战的序幕。最终的比分相当惊人，荷兰队以5：1的比分战胜了西班牙队，报了4年前的一箭之仇。

  就是在那场比赛之后，范佩西得到了"飞翔的荷兰人"的绰号，那一球也被载入史册。

姓名：丹尼斯·博格坎普

出生日期：1969年5月10日

主要球衣号码：7号、8号、10号

国家队数据：79场37球

"冰王子"

　　他，冷峻优雅，具有王子的气质；他，球风华丽，手术刀般的传球可以撕破对手的防线；他，性格坚毅，在球场上永不服输。他就是被球迷称为"冰王子"的丹尼斯·博格坎普。

　　博格坎普的职业生涯辉煌灿烂，而他在荷兰队最高光的时刻，当定格在1998年世界杯。1/4决赛，荷兰队与阿根廷队始终僵持在1∶1的比分上，就在比赛的最后关头，博格坎普接到了队友的长传球，只见他轻而易举地将球控制下来，随后又轻巧地晃过上抢的后卫，随即将球打进球门死角。

　　博格坎普的这个进球既关键又优雅，他好像跳着天鹅舞一样完成进球，那一刻，博格坎普已经不再是一个单纯的球员，而是一个球场上的艺术家。就连对手在赛后都不得不对这个进球送上溢美之词。荷兰队凭借博格坎普的进球击败对手，晋级四强。

　　整个职业生涯，博格坎普为荷兰队出战79场比赛、打进37球、送出22次助攻。虽然不是每一个进球都令人叹为观止，但对于博格坎普这样在速度和对抗方面并不突出的球员来说，唯有将自己的技术优势展现得淋漓尽致，才能让面前的对手俯首称臣，这是博格坎普自小就学会的生存技巧。

姓名：拉斐尔·范德法特

出生日期：1983年2月11日

主要球衣号码：11号、7号、15号、14号、8号、23号、20号、10号

国家队数据：109场25球

优秀中场

　　2001年10月，只有18岁的范德法特就完成了自己在荷兰队的首秀，他也注定将成为荷兰队未来的希望。在随后的几年中，范德法特在各项赛事中都表现出色，他与罗本、斯内德等球员一起将荷兰队带上了新的巅峰期。整个职业生涯，范德法特为荷兰队出场109次、打入25球、送出29次助攻，是荷兰队的传奇球星。

篇首语

倾心这一抹悲情

如果在世界足坛的国家队中去找寻一支"无冕之王"，荷兰队当之无愧。"郁金香军团"有无数次在世界杯上绽放的机会，但总是失之毫厘。

荷兰队的历史可以追溯到20世纪初，但其真正辉煌始于20世纪70年代。

在那个时代，荷兰队以其出色的球员和创新的战术，成为世界足球舞台上的佼佼者。荷兰队不仅在国际比赛中表现出色，还以其独特的风格和精彩的表现赢得了无数球迷的心。

在当时，荷兰队最为人所熟知的成就，就是在1974年和1978年两次闯入世界杯决赛。

在约翰·克鲁伊夫的带领下，在里努斯·米歇尔斯所设计的

"全攻全守"战术中，"郁金香军团"距离登顶只差了最后一步。

如果1974年世界杯的决赛，弗朗茨·贝肯鲍尔的发挥不是那么完美，或许笑到最后的就是荷兰队；如果克鲁伊夫参加了1978年世界杯，或许结果会变得不同。

尽管最终未能夺冠，但荷兰队的出色表现和对攻势足球的大力推崇，依然深深地影响了这支球队后来的足球风格和理念。

连续两次世界杯亚军的成绩，也让"无冕之王"的称号不胫而走。也就是从这一时刻起，荷兰队似乎有了悲情的色彩，这抹悲情有着别样的魅力，开始吸引无数球迷的热爱。

20世纪80年代，弗兰克·里杰卡尔德、马尔科·范巴斯滕和路德·古利特组成了传奇一般的荷兰"三剑客"，这条刚好由后卫、中场和前锋组成的中轴线，帮助荷兰队直起了"腰板"，从而让荷兰队在1988年欧洲杯上获得了历史上第一座国际大赛冠军奖杯。

在这样的成绩下，荷兰队球迷无比期待"三剑客"为荷兰队在世界杯赛场触及最高荣誉，但在1990年和1994年世界杯上，"三剑客"也没能弥补克鲁伊夫等前辈留下的遗憾。尽管未能夺得冠军，但"三剑客"的出色表现仍然让球迷为之惊叹，他们成为荷兰足球历史上不可磨灭的传奇。

时至今日，当荷兰队球迷提起"三剑客"，依然是津津乐道的话题。

是"三剑客"让荷兰足球登上了欧洲之巅，也是"三剑客"在意甲刮起了荷兰足球的"旋风"，更是"三剑客"缔造了荷兰球员在金球奖颁奖典礼上包揽前三名的盛景。若不是范巴斯滕因伤提前退役，属于"三剑客"的故事，本应该更加辉煌。

至于遗憾，只能继续交给后辈了。

21世纪前后，荷兰队的前景依然光明。

克拉伦斯·西多夫、丹尼斯·博格坎普、帕特里克·克鲁伊维特、埃德加·戴维斯和鲁德·范尼斯特鲁伊等一批球员，让全世界都看到了荷兰足球能够蓬勃发展的源泉。

和前辈相比，这些年轻球员并不逊色，他们也在国际大赛的舞台上短暂释放过郁金香的芳香。谁能忘记在1998年世界杯上，"冰王子"博格坎普那一记天外飞仙式的进球，将阿根廷队淘汰。但在这段时间，荷兰足球却陷入了内耗。

每逢国际大赛，荷兰队都会出现将帅不和的闹剧。教练批评球员的表现、球员批评教练的战术、外界批评球队的状态、球队批评外界的气氛，每个人都有话要说，每个人都要把话说完。虽然荷兰队在场上也踢得极具创造力，但如果荷兰队能够稍微团结一些，遗

荷兰队

憾也不会逐步累积。

当时间来到2010年，荷兰队再一次获得了改写历史的机会。

在贝尔特·范马尔维克的执教下，阿尔扬·罗本、韦斯利·斯内德和罗宾·范佩西等新时代球星都拿出了最佳的状态，荷兰队披荆斩棘、过关斩将，又一次来到了世界杯决赛的舞台。

唯一的不足，就是荷兰队踢得"不漂亮"。

凭借这种"不漂亮"，荷兰队与西班牙队周旋了足足120分钟，还是没能阻挡西班牙队夺得球队历史上的第一座世界杯冠军奖杯，这意味着，荷兰队夺得球队历史上的第一座世界杯冠军奖杯的日期，只能继续延后。

此时荷兰队球迷会感叹，如果西班牙队球员伊涅斯塔没有完成致命一击，也许后面的故事还会被改写；如果罗本打入单刀球，历史会不会就此变得不一样。

属于罗本、斯内德、范佩西等球星的表演还未结束。4年之后的又一届世界杯，在范加尔的率领下，荷兰队这一次获得了世界杯季军的成绩。但是离最终的荣耀，还是有些许距离。如果荷兰队在半决赛的点球大战中没有输给阿根廷队，那么在决赛中，荷兰队又能够和德国队碰撞出怎样的火花呢？

这些永远都说不尽的"如果"，可能就是荷兰队足够优秀，却无法获得最高荣誉的悲情起源，就像非常适宜在荷兰生长的郁金香一样。

郁金香亭亭玉立，放在百花丛中，最能吸引人的注意，然而在一片郁金香花海中，如果每一束都争奇斗艳，反而会模糊掉原本的焦点。

或许，足球世界要的就是荷兰队的悲情色彩。

足球世界需要有意想不到的奇迹，也需要荷兰队这种万事俱备的缺憾。

在更大的背景中，荷兰队的悲情色彩让足球这项运动变得更有魅力，从而证明了并不是所有的天才都能成为人生赢家，足球同样相信勤能补拙，让看起来平庸的球队也有机会实现梦想。

或许正是荷兰队的悲情色彩，以及球星个人的魅力，让荷兰队成为球迷心中永远的钟爱。那深邃的橙色，如同郁金香一般绽放着迷人的光彩，仿佛是足球世界里一束独特的花朵，永远不会被人遗忘。

尽管荷兰队在历史上屡屡错失夺得冠军的机会，但正是这些失败和挫折，让荷兰队更加顽强、更加不屈不挠。荷兰队用自己的努力和奋斗，诠释了荷兰足球的精神，成为足球历史上不可磨灭的一部分。

荷兰队

　　因此，看到那橙色的郁金香，你怎能不为之动容，怎能不为之
倾心呢？

第一章

漫长的蛰伏期

那时的荷兰队球迷注定无比痛苦，因为这一
过程就像是走进了一条没有尽头的隧道，完全看
不到前方的光明。

——引语

荷兰队

◆ 最惨痛的输球

和绝大多数欧洲国家一样，荷兰足球的种子是由英国人带来的。

自古以来，英国与英吉利海峡另一侧的荷兰就有频繁的人员和贸易层面的往来，所以在19世纪末，当足球滚动在英格兰的大街小巷时，其足迹也越过海峡，来到了荷兰这片土地。

在荷兰足球还处于萌芽时期的时候，足球比赛与其说是一种体育活动，倒不如说是旅居在荷兰的英国人之间的一种聚会形式。

到了1891年，这项妙趣横生的运动成功"破圈"，从当地英国人的小圈子里流传到了荷兰社会上，于是部分由英国人创建的球队开始与一些荷兰城市的选拔队进行比赛，但几乎每次比赛都会变成大家喝酒、聊天后的娱乐。

当时的荷兰球员、后来担任荷兰内政和农业部部长的简·坎就曾回忆道：

"当我们早上九点到达比赛场地时，啤酒已经准备好了，接下来是丰盛的午餐，啤酒又'流淌'起来。直到下午三点左右，比赛才正式开始，我们队只有九个人能够上场，而比赛最终能够打平，这可能只是因为对方球员喝的啤酒比我们更多。"

不过，在此之前的1889年，荷兰足球协会（简称"荷兰足协"）已经成立。

在初期，荷兰足协的主要任务是组织荷兰的球队与来自英国、比利时等其他国家的球队进行比赛，真正代表荷兰这个国家的国家队，则是在1905年才正式成立。

1904年，国际足球联合会（简称"国际足联"）正式成立，荷兰足协是其创始成员之一。邻国比利时的足球协会在1904年举办了其第一场国际比赛，于是荷兰足协也跃跃欲试，筹备组建荷兰队，并且举办第一场国际比赛。

1905年4月30日，荷兰队在安特卫普的800名观众面前正式亮相，比赛的对手是比利时队。当时的荷兰队球员由5名荷兰足协成员组成的委员会选拔而出，不过，所有的荷兰队球员都只是来自北荷兰和南荷兰这两个省。

这场比赛，荷兰队与比利时队在常规时间内战成比分为1∶1的平局，但在常规时间结束之后，比赛并没有结束，而是继续进行。

荷兰队球员在场上成为掌控局势的一方。荷兰队在常规时间内的进球，由埃迪·德内夫打入，丢球则是由荷兰队球员本·斯托姆打入的乌龙球。进入加时赛之后，埃迪·德内夫继续着自己的进球表演，他在短短的30分钟内上演了帽子戏法，最后帮助荷兰队以4：1的比分战胜对手，也帮助荷兰队在球队历史上的第一场比赛就获得了胜利。

这场比赛大大地提升了荷兰队的信心。之后几年，在与比利时队又进行了几场比赛之后，荷兰队开始挑战来自现代足球发源地的英格兰球队，然而在对阵英格兰队的这两场比赛中，荷兰队都遭遇了惨败。

尤其是在1907年12月21日的这场比赛，荷兰队以2：12的比分惨败于对手。时至今日，这依旧是荷兰队历史上最为惨痛的失利。

在这样的失败过后，荷兰足球开始向英国足球学习。

英国足球的训练体系开始成为荷兰足球的典范，为此，荷兰队还在1908年聘请了前英国职业球员埃德加·查德维克担任荷兰队的主教练。

在查德维克的帮助下，荷兰队的确开始了大踏步式的进步。1908年伦敦奥林匹克运动会（简称"奥运会"），荷兰队参加足球赛事。第一轮，荷兰队因为匈牙利队的退出而直接晋级；第二轮对阵英国队，荷兰队以0：4的比分输球。在铜牌争夺战中，荷兰队以2：0的比分战胜了瑞典队，荷兰队收获了在正式比赛中的第一枚奖牌。

　　1912年斯德哥尔摩奥运会，荷兰队保住了自己的地位。荷兰队先是以4∶3的比分战胜了瑞典队，之后又以3∶1的比分战胜了奥地利队。半决赛对阵丹麦队，对手的实力在荷兰队之上，所以荷兰队以1∶4的比分再次无缘决赛。不过在铜牌争夺战中，荷兰队打出了一场精彩的比赛，战胜芬兰队，再次收获了一枚铜牌。

　　查德维克领导下的荷兰队取得的重大进步，在1913年3月24日变得更为清晰。

　　当时，荷兰队在一场友谊赛中凭借休格·德格鲁特的梅开二度，以2∶1的比分第一次击败了英格兰队，从而让2∶12的惨败成为荷兰队的过去。

　　根据官方记录，这场比赛的现场有16000名观众，但实际人数比这个数字更多，因为在比赛场地的栅栏外，很多观众站在卡车上观看了荷兰队在比赛后30分钟的防守战。根据当时的媒体报道，在这场比赛中，荷兰队门将戈贝尔·冯维特斯像神一样，用强壮的身体多次阻挡了英格兰队的射门。在比赛结束之后，在场的荷兰队球迷和荷兰媒体陷入了狂欢。

　　尽管荷兰队的对手并不是严格意义上的英格兰队，只是一支由业余球员组成的球队，但这一点并没有冲淡荷兰人的喜悦之情。

　　然而，荷兰队球迷的这种兴奋被第一次世界大战打断。

荷兰队

1920年，欧洲恢复和平，荷兰队也重回奥运会足球赛事的舞台。在这一年的安特卫普奥运会上，荷兰队的表现差强人意。荷兰队在第一场比赛中以3：0的比分战胜卢森堡队，之后与老对手瑞典队在常规时间内战成4：4的平局，在加时赛中荷兰队打进第五球，再次闯入半决赛。

不过，荷兰队依然没有晋级决赛。半决赛，荷兰队以0：3的比分不敌比利时队，但当时与比利时队争夺金牌的捷克斯洛伐克队因为政治因素影响而退赛，比利时队拿到金牌。荷兰队和西班牙队进行二、三名之战，最终荷兰队以1：3的比分输给了西班牙队，获得了铜牌。

◆ 战火历练中成长

在奥运会足球赛事是足球世界唯一的正式国际赛事的时代，荷兰队的表现是不错的。

1924年巴黎奥运会，荷兰队再一次冲击决赛未果，在半决赛以1：2的比分输给了乌拉圭队。在铜牌争夺战中，荷兰队与瑞典队鏖战两场比赛共180分钟，但这一次将铜牌拱手相让。

到了1928年阿姆斯特丹奥运会，主场作战的荷兰队在1/8决赛便遭遇乌拉圭队，自然像4年前一样，被南美劲旅以0：2的比分淘汰出局。这一次的出局，很大程度上是签运不佳所导致的。

然而随着世界杯时代的来临，荷兰队被落在了后面。

实际上，自1928年奥运会后到1930年底，在15场比赛中，荷兰队只赢得了2场比赛的胜利，这引发了荷兰足协的内部改革。荷兰足协决定成立一个委员会，监督荷兰队的日常运作。

1930年，卡雷尔·洛奇当选为荷兰足协中央委员会成员，这标志着"洛奇时代"的来临。1931年1月25日，洛奇就任选拔委员会主席，在他当选的两周后，洛奇召集荷兰队球员前往海牙进行了荷兰队历史上的第一次集体训练。洛奇在训练前宣布，从那一天起，荷兰队球员就将在海牙VUC体育场进行集体训练，频率是每周两次。

这在一定程度上让荷兰队的战绩有所提升。

1930年乌拉圭世界杯，国际足联邀请荷兰队前去参赛，因为国内经济危机的影响，荷兰队被跨越大西洋的高昂费用和气候不适的问题所困扰，拒绝了参赛的邀请。

1934年世界杯在意大利举办，荷兰队决定参加比赛。

预选赛阶段，荷兰队和比利时队、爱尔兰队被分在一组。首场比赛，荷兰队便以5：2的比分大胜爱尔兰队；第二场比赛，荷兰队

荷兰队

则以4：2的比分战胜了比利时队。

两场比赛取胜使荷兰队顺利获得了参加1934年世界杯正赛的资格，也展现了球队在洛奇的监督下刻苦训练的成果，但是在世界杯上，荷兰队没有打出好成绩。

第一轮比赛对阵瑞士队，荷兰队在比赛进行到第10分钟时就率先丢球，尽管球员拼尽全力，最终仍以2：3的比分输给了瑞士队，荷兰队结束了自己在1934年世界杯上短暂而痛苦的初体验。

荷兰队在这届世界杯上的唯一收获，就是基克·斯密特打进了荷兰队在世界杯上的第一球。

四年之后，荷兰队再次踏上征程。

1938年世界杯预选赛，荷兰队和比利时队、卢森堡队被分在一组。第一场比赛，斯密特用进球为荷兰队打开胜利之门，荷兰队最后以4：0的大比分击败卢森堡队。

而在第二场比赛，荷兰队与比利时队以1：1的比分战平。两支球队都击败了卢森堡队，彼此则没有分出胜负，于是一起晋级1938年世界杯正赛。

不过，当时的荷兰队依然没有明显的进步。这一次，荷兰队在第一轮遇到了捷克斯洛伐克队。在常规时间内，荷兰队球员奋勇拼搏，但也仅仅取得了一场0：0的平局，从而为自己赢得了加时赛的机会。进入加时赛之后，荷兰队球员难以坚持，最终荷兰队连丢三球，结束了未进一球的第二次世界杯之旅。

1938年世界杯结束后，世界再次被战火摧残，荷兰足球也因此陷入停滞。直至1945年，第二次世界大战结束之后，荷兰队才重新被组建起来。

和英国、法国等欧洲大国从废墟上快速重建有所不同，第二次世界大战对荷兰这种小国的打击尤为严重，尤其是在足球领域。职业足球体系已经不复存在，适合从事足球运动的适龄人口也大幅减少，所以在这段时间，荷兰队没有参加1950年和1954年世界杯，只是派遣业余球员参加了奥运会的足球赛事。

直到1957年，荷兰队才恢复元气，决定参加1958年世界杯预选赛，并与奥地利队和卢森堡队被分在一组。虽然荷兰队在卢森堡队这里取得了两场比赛的胜利，但与奥地利队的两场比赛，荷兰队都没有获胜，在客场以2：3的比分失利，在主场则以1：1的比分战成平局。

于是，荷兰队仅仅排名小组第二，未能获得1958年世界杯正赛的资格，而这样的状态还会持续很长时间。

1958年，欧洲杯的前身——"欧洲国家杯"这项赛事被正式创建。

荷兰队

在创建这项赛事的投票阶段，荷兰足协投出了反对票，因为荷兰足协担心这项在两届世界杯之间的偶数年举办的赛事会影响到国内比赛的发展。1956年，荷兰足协创办了荷兰足球甲级联赛（简称"荷甲"），从而在全国范围内拥有了一个有组织的职业联赛。

所以，荷兰队没有参加第一届欧洲国家杯。然而在荷兰足协煞费苦心地保护本国联赛的时候，荷兰队却没有因此进步。1962年世界杯，荷兰队再次止步于预选赛阶段。

这一次预选赛，荷兰队与匈牙利队、民主德国队被分在一组。首场比赛，荷兰队就以0∶3的比分输给了强大的匈牙利队，随后客场对阵民主德国队，荷兰队仅仅收获了一场1∶1的平局。

第三场比赛，荷兰队本该在主场对阵民主德国队，但由于民主德国队球员不被允许进入荷兰境内，这场比赛因此被取消。而在这之前，因为匈牙利队已经获得了三连胜，锁定了小组出线的名额，所以荷兰队剩下的比赛也就失去了意义。

最后一场比赛，荷兰队在客场以3∶3的比分战平匈牙利队，再一次和世界杯正赛失之交臂。

鉴于这样的情况，荷兰队决定参加1964年欧洲国家杯，荷兰足协急需一次成功来提振本国足球的发展。

然而在1964年欧洲国家杯预选赛上，这一目的也没能实现。

荷兰队在首轮以4∶2的总比分战胜瑞士队，但在第二轮，荷兰队却以2∶3的总比分输给了卢森堡队，这直接导致了荷兰队主帅埃莱克·舒瓦茨的离任。

很显然，荷兰队陷入了动荡中，而这一切还没有结束。

1966年世界杯预选赛，荷兰队距离世界杯更加遥远。荷兰队在小组内排名第三，落在了瑞士队和北爱尔兰队之后。类似的情况也发生在1968年欧洲杯预选赛，荷兰队还是排名小组第三，而在这一届预选赛，同组的民主德国队的成绩都比荷兰队要好。

1970年世界杯预选赛，荷兰队在成绩上还是没有变化，其在小组内依然排名第三。不过在这一届世界杯预选赛上，以及在1972年欧洲杯预选赛上，荷兰队的表现已经有了一些起色，这为荷兰队之后的崛起埋下了伏笔。

作为一个欧洲小国，因为距离英国较近，荷兰在本国的足球起源上有着先发优势，但这种优势非常微小。

荷兰终归是一个人口较少的国家，所以足球的发展速度无法和其他大国相提并论，而且在经受战争的影响之后，荷兰足球的恢复速度也相对较慢。这是一个无法回避的事实。

在这种情况下，荷兰足协选择首先保护本国的联赛，这个选择注定会在一定程度上影响荷兰队的发展。毕竟精力和资源有限，荷兰足协很难做到两头兼顾。

这一选择的代价，就是在20世纪70年代之前，荷兰队只有两次世界杯经历，第二次世界大战结束之后，荷兰队七次冲击国际大赛均告失败。

那时的荷兰队球迷注定无比痛苦，因为这一过程就像是走进了一条没有尽头的隧道，完全看不到前方的光明。但在进入20世纪70年代后，一切立刻变得豁然开朗。

荷兰队将会给球迷一个大大的惊喜。

第二章

"球圣"克鲁伊夫

克鲁伊夫这样的球星成为荷兰队的领军人物,"全攻全守"这样的战术更是让荷兰队如虎添翼,所以荷兰队立刻摆脱了此前30余年无法进入国际大赛的尴尬状态,从低谷瞬间飞上了高峰。

——引语

荷兰队

◆ 征召天才少年

就在荷兰队苦于无法晋级国际大赛的20世纪60年代，荷兰的俱乐部却在荷兰足协的精心保护下，在欧洲赛场崭露头角。

1969年，作为之前连续三个赛季的荷甲冠军，阿贾克斯队闯入了欧洲冠军俱乐部杯决赛，这一赛事在1992年更名为当下家喻户晓的欧洲冠军联赛。

在决赛上，阿贾克斯队遗憾地以1∶4的比分不敌来自意大利的AC米兰队，但作为一支来自荷兰的球队，阿贾克斯队的表现还是震惊了世人。

1971年，当阿贾克斯队再一次闯入这项赛事的决赛，并且夺得冠军的时候，这支球队的球员和教练已经成为欧洲足坛炙手可热的"当红炸子鸡"。此后的两个赛季，阿贾克斯队连续在这项欧洲俱乐部的顶级赛事中卫冕成功，成为自20世纪50年代的皇马队以来，第一支连续夺得三届欧洲冠军俱乐部杯冠军的球队。

在阿贾克斯队中，约翰·克鲁伊夫的名字最为响亮。

1947年4月25日，克鲁伊夫出生于荷兰的阿姆斯特丹。

　　和许多出生在二战后不久的孩子一样，克鲁伊夫的家境并不富有，但一家人和阿贾克斯队颇有渊源。克鲁伊夫的父母在距离当时的阿贾克斯队主场——德米尔体育场只有5分钟路程的住宅大楼里开设了一家蔬菜水果店，所以小时候的克鲁伊夫和他的哥哥就经常在阿贾克斯队附近踢球。

　　当时的阿贾克斯青年队教练贾尼·范德维恩就住在俱乐部附近，所以范德维恩很快就注意到了克鲁伊夫的天赋，在克鲁伊夫只有6岁的时候，范德维恩就将其带入阿贾克斯队，克鲁伊夫开始在那里学习踢球。10岁那年，克鲁伊夫正式加入了阿贾克斯青年队，所以在店里不忙的时候，克鲁伊夫的父亲还会到阿贾克斯队的食堂自愿担任助理。

　　学习踢球的时候，克鲁伊夫的偶像是荷兰队球员法斯·威尔克斯。

　　威尔克斯在场上的位置是前锋，他以在球场上的想象力而著称，但最令克鲁伊夫着迷的是威尔克斯的盘带能力，所以在青年队时期，克鲁伊夫就苦练自己的盘带技术，希望能像威尔克斯一样，把球始终控制在自己的脚下。

　　1964年11月15日，克鲁伊夫在对阵格罗宁根队的前身——GVAV队的比赛中首次代表阿贾克斯队出场，并在这场以1∶3失利的比赛中为阿贾克斯队攻入一球。

真正让克鲁伊夫声名鹊起的时期是在1965—1966赛季。克鲁伊夫在这个赛季确立了自己在阿贾克斯队的主力位置。该赛季，克鲁伊夫在23场比赛中总共打进25球，帮助阿贾克斯夺得了荷甲冠军。

也就是在这个赛季结束之后，克鲁伊夫得到了荷兰队的征召。

◆ "橙衣军团"领军人

1966年9月7日，克鲁伊夫在1968年欧洲杯预选赛对阵匈牙利队的比赛中，首次代表荷兰队上场，并且在这场以2∶2的比分战平的比赛中收获进球。

但克鲁伊夫在荷兰队的第二场比赛——与捷克斯洛伐克队进行的一场友谊赛上，克鲁伊夫成为历史上第一位被判罚红牌的荷兰队球员。

据说，克鲁伊夫被判罚红牌的原因是打了裁判的脸，但他本人从未承认这件事。在这场比赛结束后，荷兰足协决定禁止克鲁伊夫在未来一年内参加国际比赛，但在媒体的施压下，克鲁伊夫在八个月后就被再次征召，参加对阵民主德国队的1968年欧洲杯预选赛。

克鲁伊夫在比赛开始仅2分钟时就打入一球,这个进球帮助荷兰队以1:0的比分战胜了民主德国队。

虽然克鲁伊夫很快就在荷兰队打出了名堂,但他和荷兰足协的关系始终很微妙。

这在一定程度上是克鲁伊夫偶尔会将自己的利益置于荷兰队的利益之上导致的。在一些比赛前,克鲁伊夫经常会因为荷兰足协给出的奖金不够多而拒绝出场;除此之外,克鲁伊夫还会因为其他原因缺席球队的日程安排,比如克鲁伊夫曾因为参观一场在国外举办的鞋展而错过了一次荷兰队的重要训练,这使得其被时任荷兰队主教练格奥尔格·克斯勒停赛。

日后被问到荷兰队缺席1970年世界杯和1972年欧洲杯的原因时,克鲁伊夫也承认,荷兰队的重要性在当时并没有得到球员充分的认识。

在种种原因之下,直到1971年12月1日,克鲁伊夫才参加了其第15场在荷兰队的比赛。克鲁伊夫尽管和国家队的关系有时会变得很紧张,但还是在这场比赛成为荷兰队队长,并且在此之后一直担负这一职责。

作为荷兰队队长,克鲁伊夫最大的职责就是带领荷兰队重回国际大赛。

荷兰队

在错过了1972年欧洲杯之后，荷兰队的主要任务就是参加1974年世界杯。预选赛期间，荷兰队与比利时队、挪威队、冰岛队被分在一组，在只有小组第一能够晋级的情况下，荷兰队的任务依然很艰巨。

首场比赛，荷兰队在主场对阵挪威队。比赛的前30分钟进行得不温不火，但自此之后，荷兰队打开了自己的进球账户。克鲁伊夫在下半场打入两球，而其队友约翰·内斯肯斯则上演了帽子戏法。

在阿贾克斯队内，内斯肯斯就是克鲁伊夫的好帮手。作为一名中场球员，内斯肯斯不仅拥有不知疲倦的奔跑能力，还拥有出色的技术，所以内斯肯斯经常可以从中场位置前插，然后取得进球。

最终，这场比赛荷兰队以9：0的比分大胜挪威队，为自己的预选赛之旅开了一个好头。

虽然第一场比赛收获颇丰，但在第二场比赛，面对小组内的最强对手——比利时队，荷兰队在客场没有找到进球的方法，最终只获得了一场比分为0：0的平局。

当然了，对于许久没有进入国际大赛的荷兰队来说，没有输球就已经是很好的结果了。

此后的两场比赛，荷兰队需要在7天的时间内在主、客场连续对阵冰岛队。面对这个实力有限的对手，荷兰队发挥出了进攻端的巨大威力,主场以5:0的比分大胜对手,客场也以8:1的比分给予冰岛队一场惨败。

两场比赛,荷兰队一共打进了13球,克鲁伊夫打进了其中的4球,内斯肯斯也有1球入账。

最后两场比赛,荷兰队先是在客场以2:1的比分战胜了挪威队,克鲁伊夫为荷兰队打入一球。随后荷兰队回到主场,以0:0的比分战平比利时队。

6场比赛结束之后,荷兰队、比利时队都在挪威队和冰岛队身上拿到了全胜,而荷兰队和比利时队彼此之间的两场比赛都战成平局,所以两支球队都获得了10个积分,最终荷兰队以22个净胜球领先于比利时队的12个净胜球,以此力压比利时队,获得了参加1974年世界杯的资格。

这是荷兰队自1938年以来,第一次参加世界杯正赛。

◆ **"全攻全守"来临**

这显然是荷兰队历史上一次非常关键且显著的进步,但荷兰队主教练弗朗蒂谢克·法德洪克在这届世界杯期间并没有继续担任主教练，而是变成了助理教练。

因为，里努斯·米歇尔斯成为荷兰队的主教练。

在荷兰足球迎来近半个世纪里最重要的一届国际大赛的时候，荷兰足协聘请了米歇尔斯这位荷兰足球历史上最成功的主教练。阿贾克斯队连续获得三届欧洲冠军俱乐部杯冠军的奇迹，就是在米歇尔斯的率领下实现的。

阿贾克斯队之所以能够打出这样出色的战绩，不仅仅是因为球队拥有克鲁伊夫和内斯肯斯这些优秀的球员，还因为一项秘密武器：

"全攻全守"。

"全攻全守"指的是足球中的一种战术体系。

字面上的意思是，除了门将之外，球场上的每一个球员都要参与球队的进攻和防守环节。在进攻中，后卫也要上前参与，而在防守阶段，前锋也要通过回撤来帮助球队防守。

然而在字面意思之外，"全攻全守"战术的核心是位置和角色的流动性。不管是在进攻还是防守中，球员都需要根据场上的形势以及自己与球之间的关系来参与进攻或防守，如果一名球员因此需要脱离自己的位置，那么就应该如此行事。

这个时候，另一名球员就需要移动到这名球员原本的位置上，扮演这名球员原本的角色，可能是前锋，也可能是后卫，其他球员也以此类推，所有的变换过程需要同步完成，从而形成一种动态中的平衡，以此维持球队原本的组织结构。

这才是真正意义上的"全攻全守"。

这个在当时突破了很多教练思维惯式的超前战术，帮助阿贾克斯队取得了超出想象的巨大成功，米歇尔斯因此一炮而红。于是在1971年，西班牙的巴萨队聘请米歇尔斯前去执教，他也为这支球队埋下了战术革新的种子。

不过，这个战术并非米歇尔斯的原创。外界普遍认为，米歇尔斯在球员时期受英国教练杰克·雷诺兹的影响颇深，雷诺兹在20世纪40年代执教阿贾克斯队，为这支球队奠定了重要的基础。而在雷诺兹之前，英国教练吉米·霍根执教的球队和20世纪30年代的奥地利队都被认为在当时已经创造出了"全攻全守"的雏形。

不过，毫无疑问的是，第一个凭借"全攻全守"获得伟大胜利的足球教练就是米歇尔斯，也是米歇尔斯使得"全攻全守"这种战术概念开始广为流行。

于是在1974年3月，米歇尔斯成为荷兰队主帅。

荷兰足协显然很希望荷兰队在世界杯赛场上也打出如同阿贾克斯队那样的华丽足球，如果能像阿贾克斯队那样取得成功，自然再好不过了。

　　然而，"全攻全守"的成功很大程度上取决于队内每个球员的适应能力，特别是根据场上情况快速转换位置的能力。该理论要求球员能够适应多个位置，因此需要聪明且技术多样的球员来践行这个战术，当然也需要球员具有出色的体能。

　　幸运的是，当时的荷兰队的确拥有具备这些特质的球员。

　　于是在近三个月的密集训练之后，大部分来自阿贾克斯队的荷兰队球员和小部分来自其他球队的荷兰队球员已经能够很好地理解米歇尔斯的战术要求。

　　一支焕然一新的荷兰队，就此诞生。

　　1974年世界杯，荷兰队在小组赛第一场便以2：0的比分战胜了乌拉圭队，取得了荷兰队在世界杯正赛历史上的第一场胜利。此后对阵瑞典队，荷兰队没有进球，但也没有丢球，以0：0的比分与对手战平。

　　然而在这场比赛中，克鲁伊夫用一次精彩的过人动作赢得了满堂彩。面对瑞典队后卫扬·奥尔森的防守，克鲁伊夫佯装用右脚回传，大幅摆腿的动作直接让奥尔森失去平衡，克鲁伊夫则在此时用右脚将球从左脚后方勾回来，顺势完成了突破。

　　这一动作，后来便被称为"克鲁伊夫转身"。

最后一场比赛，内斯肯斯在比赛进行到第5分钟时就攻破了保加利亚队的球门，上半场临近结束时，内斯肯斯罚进点球，让保加利亚球员无可奈何。最终荷兰队以4∶1的比分大胜保加利亚队，以小组第一名的好成绩晋级下一轮。

1974年世界杯的赛制较为特殊：在常规的小组赛结束之后，晋级的八支球队将再被分为两个小组，小组内的球队彼此进行单回合比赛的较量，最终比拼出的小组第一名晋级决赛，小组第二名则参加季军赛。

在这种赛制下，荷兰队被分到了一个实力较强的小组，小组内的对手包括民主德国队、巴西队和阿根廷队。

想要晋级决赛，米歇尔斯、克鲁伊夫和其他的荷兰队球员必须要证明，"全攻全守"不是一个只在欧洲行之有效的特殊战术，而是"放之四海而皆准"的超前战术。

首场比赛，荷兰队的对手是阿根廷队。比赛开始仅仅10分钟，克鲁伊夫就收获了进球，这让阿根廷队陷入了落后的局面。随后在比赛进行到第25分钟时，后场大将路德·高鲁也打进了一球。

在米歇尔斯的"全攻全守"战术中，高鲁也是不可或缺的一位关键球员。

不管是在阿贾克斯队，还是在荷兰队，高鲁是维系这种流动性

荷兰队

极高的战术体系不至于崩溃的关键点。因为高鲁的防守能力极为突出，所以高鲁可以在防守时出现在任何地方、扮演任何角色，不管是防守型中场还是后卫，高鲁都能做得很好。

而在对阵阿根廷队的这场比赛中，高鲁用进球证明了自己不仅是一个出色的防守者，其脚下技术也丝毫不逊色于其他球员。

下半场比赛，约翰尼·雷普和克鲁伊夫收获进球，荷兰队以4：0的比分赢得了这一场比赛的胜利。

第二场比赛，荷兰队对阵民主德国队。

虽然荷兰队在这一场比赛中的表现不如上一场，但球队仍以2：0的比分相对轻松地获胜，内斯肯斯在比赛进行到第13分钟的进球，奠定了这场比赛荷兰队获胜的基调。

最后一场比赛面对巴西队，巴西队早已看到荷兰队在其他比赛中的表现，但巴西队思来想去也没有想到破解"全攻全守"的方法，于是巴西队只好采用带有"杀伤性"的战术，尝试以此给荷兰队带来麻烦。

所以，荷兰队和1970年世界杯冠军巴西队的比赛变成了一场肉搏战，赛场上充满了向对手吐口水、踩对方脚的情况。在这种情况下，荷兰队没有被干扰，在比赛进行到第50分钟的时候，内斯肯斯收获了进球，15分钟后克鲁伊夫打进第二球，荷兰队以2：0的比分击败巴西队。

◆ 遗憾与美丽并存

虽然输掉了比赛，但巴西队球员对荷兰队的表现相当服气。

在1970年世界杯担任巴西队队长的卡洛斯·阿尔贝托就表示："我见过的唯一表现不同的球队是1974年世界杯上的荷兰队。从那以后，一切看起来或多或少都一样。这支球队'旋转木马'式的比赛风格令人惊叹，比赛也非常精彩。"

凭借两胜一平的战绩，荷兰队获得了小组第一名的成绩，也第一次登上了世界杯决赛的舞台。

面对如此强大的对手，决赛的另一支球队——联邦德国队的压力非常大。作为东道主球队，联邦德国队无比希望能在家门口夺得世界杯冠军，而且不仅是球队，全体德国人也希望联邦德国队夺得冠军，以此来提振二战之后全德国的民族自信心。

就在这样的大背景下，决赛前一天，联邦德国媒体《图片报》报道了一篇爆炸性的消息。

这篇以《克鲁伊夫、香槟和裸体女郎》为标题的文章描述了一

荷兰队

场荷兰队球员举行的泳池派对，说他们在派对上与裸体的女性在一起嬉戏玩乐。

如此轰动的消息，很快就传遍了大街小巷。传言在决赛的前一晚，克鲁伊夫与妻子因此爆发了激烈的争吵，但那天晚上究竟发生了什么，至今仍然是一个谜。

但不管发生了什么，克鲁伊夫在决赛上的表现完全没有达到其平时的水平。

1974年7月7日，荷兰队对阵联邦德国队的决赛如期举行。

虽然克鲁伊夫表现不佳，但在比赛刚开始的时候，荷兰队看起来还是一样的迅猛，甚至在联邦德国队球员触球之前，克鲁伊夫就闯入禁区，制造了联邦德国队球员的犯规，内斯肯斯罚进点球，帮助荷兰队取得了领先。

然而在比赛的剩余时间里，克鲁伊夫不再扮演关键角色。比赛进行到第25分钟时，保罗·布莱特纳为联邦德国队扳平比分，上半场即将结束前，盖德·穆勒打进了联邦德国队的第二球，帮助球队在中场休息前就逆转了比分。

上半场结束后，克鲁伊夫在前往更衣室的路上持续向主裁判抗议，被主裁判出示黄牌。而在这样的气氛下，荷兰队失去了沉稳的特质。下半场，荷兰队试图反击，但球队对比赛的统治力在决赛中消失了。场边的米歇尔斯和场上的克鲁伊夫发现荷兰队组织进攻的能力被联邦德国队贝尔蒂·沃格茨的有效盯防所抑制,这使得联邦德国队的弗朗茨·贝肯鲍尔、乌利·赫内斯和沃尔夫冈·奥弗拉特在中场区域占据了上风,这帮助联邦德国队坚持到了最后,以2:1的比分战胜了荷兰队。

这次失败在荷兰被视为一场悲剧,因为荷兰队已经展现了夺得世界杯冠军所需要的一切,但距离完美还是差了一点。

虽然荷兰队没能夺得冠军,但克鲁伊夫还是凭借其在赛事中的上佳表现,被评选为本届世界杯的最佳球员。但好消息之外也有坏消息,1974年世界杯结束之后,米歇尔斯辞去了荷兰队主教练的职务,而且在这届世界杯之前,克鲁伊夫就表示这将是其第一次,也是最后一次参加世界杯。

所以这一场失败,引发了荷兰队球迷无限的悲伤。

虽然结果令人无比遗憾,但生活终究要继续下去。

1976年欧洲杯预选赛,荷兰队的表现依然强势。毕竟克鲁伊夫、内斯肯斯仍在队内,所以在对手为波兰队、意大利队和芬兰队的这个小组中,荷兰队取得了4胜2负的战绩,只是在客场输给了波兰队和意大利队。

小组赛结束之后,荷兰队和波兰队同样获得8个积分,但荷兰队

荷兰队

的净胜球比波兰队更多，因此获得了小组第一的成绩，得以晋级下一阶段的比赛。

在对阵比利时队时，荷兰队没有出现失误，主、客场两个回合均战胜对手，最终以7：1的总比分击败比利时队，获得了1976年欧洲杯正赛的资格。

这是一个很好的抚平1974年世界杯创伤的机会，但克鲁伊夫和荷兰队没有把握住。

半决赛对阵捷克斯洛伐克队，荷兰队未能在比赛的开局阶段取得进球，捷克斯洛伐克队反倒占据先机。尽管在比赛进行到第73分钟时，荷兰队制造了对手的乌龙球，以此将比赛拖入加时赛，但糟糕的表现还在延续，捷克斯洛伐克队在加时赛中打入两球，最终以3：1的比分战胜了荷兰队。

这场比赛的主角之一是主裁判。荷兰队球员维姆·范哈内亨、内斯肯斯以及捷克斯洛伐克队球员波拉克都被裁判判罚红牌，克鲁伊夫则被判罚黄牌。由于克鲁伊夫在预选赛中已经被判罚一张黄牌，所以根据累计两张黄牌将被停赛一场的规则，克鲁伊夫的欧洲杯之旅在这场半决赛后就结束了。

随后的季军赛，荷兰队在没有克鲁伊夫的情况下，没能在90分钟内击败南斯拉夫队，不过荷兰队在加时赛打进一球，最终以3：2

的比分取得胜利,获得了这届欧洲杯的第三名。

1976年欧洲杯结束之后,这支荷兰队逐渐进入了历史的结尾。

在1978年的世界杯预选赛上,荷兰队的表现依然不错。荷兰队和比利时队、北爱尔兰队、冰岛队被分在一组,荷兰队在6场比赛中取得了5胜1平的优异战绩,毫无悬念地获得了世界杯正赛的资格,但和此前相比,荷兰队的进球能力已经出现下滑。

毕竟,克鲁伊夫等人已经渐渐老去。

在帮助荷兰队获得了1978年世界杯的参赛资格之后,1977年10月,克鲁伊夫选择从荷兰队退役。关于克鲁伊夫为何不参加这届世界杯,坊间众说纷纭,在2008年,克鲁伊夫在接受采访时透露了原因,克鲁伊夫和家人在这届世界杯的前一年在巴塞罗那遭到绑架,这导致了克鲁伊夫选择将更多时间投入到家庭生活中:

"为了备战世界杯,你必须要付出200%的专注在足球上,但生活中还有其他有价值的事情。"

没有了克鲁伊夫,范哈内亨和扬·范贝弗伦也因各种原因拒绝参加这一届世界杯,但荷兰队已经发生了蜕变,所以在这届世界杯上,荷兰队的表现同样相当出色。

小组赛阶段,荷兰队与秘鲁队、苏格兰队和伊朗队被分在一组。首场比赛,荷兰队以3∶0的比分完胜伊朗队,罗布·伦森布林

荷兰队

克上演了帽子戏法。

第二场比赛，荷兰队与秘鲁队战成比分为0：0的平局；第三场比赛，伦森布林克的进球未能帮助荷兰队取得胜利，最终荷兰队以2：3的比分输给了苏格兰队。

1胜1平1负的战绩没能让荷兰队获得小组第一名的成绩，但凭借净胜球的优势，荷兰队力压苏格兰队获得小组第二名的成绩，闯进了下一阶段的小组赛。

1978年世界杯的赛制和1974年相同，荷兰队在第二阶段小组赛的对手为意大利队、联邦德国队和奥地利队。

在这一阶段的小组赛中，荷兰队展现出了自己的能力。荷兰队在首场比赛以5：1的大比分战胜了奥地利队，随后面对在1974年世界杯决赛战胜自己的联邦德国队，荷兰队这次没有输球，以2：2的比分与联邦德国队战成平局。

第三场比赛，荷兰队则以2：1的比分逆转战胜了意大利队，2胜1平的战绩让荷兰队再次进入决赛，而这一次荷兰队将面对东道主阿根廷队。

1978年6月25日，71483名球迷涌入了布宜诺斯艾利斯的纪念碑体育场，这7万余名球迷大多数都是阿根廷队球迷，所以荷兰队依然需要承受巨大的压力。

在主场球迷的助威声中，比赛进行到第38分钟，阿根廷队球员马里奥·肯佩斯的进球点燃了阿根廷队球迷的热情，阿根廷队取得了比分领先的优势，这让荷兰队的比赛难度继续上升。直至比赛进行到第82分钟的时候，荷兰队球员迪克·南宁加才帮助荷兰队扳平比分，从而为荷兰队争取到了30分钟的加时赛。

在这种关键时刻，没有了克鲁伊夫这种超级球星，没有了"全攻全守"这种战术，荷兰队很难克服客场作战的压力，于是在加时赛，阿根廷队连进两球，以3∶1的比分击败了荷兰队，荷兰队再次屈居世界杯亚军。

很显然，对于荷兰队球迷来说，20世纪70年代就是一个"童话"。

克鲁伊夫这样的球星成为荷兰队的领军人物，"全攻全守"这样的战术更是让荷兰队如虎添翼，所以荷兰队立刻摆脱了此前30余年无法进入国际大赛的尴尬状态，从低谷瞬间飞上了高峰。

然而，距离真正的顶点，荷兰队只差了一点点。

1974年世界杯亚军、1976年欧洲杯季军、1978年世界杯亚军，这样的战绩让荷兰队球迷无比兴奋，但冠军奖杯近在眼前却无法将其揽入怀中，谁又不会因此而感到遗憾呢？

就像一个美丽的童话，却没有一个圆满的结局，这是让荷兰队

荷兰队

球迷最为感伤的地方，而这种悲情的基调，将会贯穿荷兰队的整个历史。

第三章

潇洒剑客的主宰

1988年欧洲杯冠军是荷兰队自成立以来第一次真正意义上的伟大成功，而这个成功依然出自米歇尔斯。

——引语

荷兰队

◆ 新老交替剑已出鞘

1978年5月，31岁的克鲁伊夫决定结束自己的职业生涯。

克鲁伊夫的父亲在45岁时过世，这件事情使得克鲁伊夫始终觉得自己也会在这个岁数告别人间，所以克鲁伊夫本想留出一段时间享受人生，但退役之后的投资失败，让克鲁伊夫不得不回到了球场上。

此后的克鲁伊夫，在美国、西班牙和荷兰联赛的球队都效力过，最终在1984年，克鲁伊夫彻底结束了自己的职业生涯。

和1978年世界杯一样，在1980年欧洲杯预选赛上，荷兰队表现还算不错。

荷兰队与波兰队、民主德国队、瑞士队、冰岛队被分在一组。8场比赛，荷兰队最终取得了6胜1平1负的战绩，其中不胜的场次，都发生在对阵波兰队的比赛中。

但从这个时候开始，荷兰队就已经开始失去过往的风范。

这一问题在1980年欧洲杯的正赛阶段被体现得淋漓尽致。1980年欧洲杯，荷兰队在小组赛阶段和联邦德国队、捷克斯洛伐克队、希腊队被分在一组。首场比赛，荷兰队以1：0的比分战胜了希腊队；第二场比赛，荷兰队以2：3的比分输给了联邦德国队，没能报1974年世界杯决赛的失利之仇；最后一场比赛，荷兰队则与捷克斯洛伐克队战成比分为1：1的平局，同样没能报1976年欧洲杯半决赛的失利之仇。

最终，荷兰队仅仅排名小组第三，被淘汰出局。

到了1982年世界杯预选赛，荷兰队的表现越发糟糕。

预选赛阶段，荷兰队与比利时队、法国队、爱尔兰队、塞浦路斯队被分在一组。8场比赛，荷兰队仅仅取得4胜1平3负的平庸战绩。

在整个预选赛中，荷兰队在第一场比赛就遭遇败局，在客场以1：2的比分输给了爱尔兰队，为这届糟糕的世界杯预选赛定下了基调。此后的荷兰队还输给了比利时队和法国队，在主场以2：2的比分与爱尔兰队战平。如此糟糕的表现让荷兰队在小组赛结束之后仅仅排名第四，不过和晋级正赛的第二名法国队相比，荷兰队也只差了1个积分而已。

很显然，20世纪70年代的一代球星的淡出和退役，深深地影响了这个小国球队的实力，荷兰队只能期待另一批优秀球员尽快成长，让他们带领荷兰队重新书写新的辉煌。

荷兰队

而这批年轻人，已经在路上了。

从1981年9月到1982年3月，荷兰队主教练凯斯·赖弗斯筹备组建了一支年轻的球队。维姆·基夫特、弗兰克·里杰卡尔德、杰拉德·范恩博格、雷内·范德科克霍夫、尤里·库尔霍夫、米歇尔·瓦尔克和路德·古利特在荷兰队首次亮相。到了1983年，罗纳德·科曼、马尔科·范巴斯滕也进入了荷兰队。

在这些球员中，里杰卡尔德、古利特和范巴斯滕最令荷兰队球迷感到兴奋，但在当时，这三名20岁左右的球员还过于年轻。

于是在1984年欧洲杯，荷兰队的结局依然是无缘正赛。

这届欧洲杯预选赛，荷兰队和西班牙队、爱尔兰队、冰岛队、马耳他队被分在一组。8场比赛，荷兰队取得了6胜1平1负的结果，和最终晋级的西班牙队的积分相同，但西班牙队比荷兰队多进两球，这使得荷兰队被挡在了正赛的门外。

在预选赛中，荷兰队最可惜的一场比赛就是第一场战平冰岛队，考虑到荷兰队随后在主场以3∶0的比分战胜了冰岛队，所以第一场比赛对阵冰岛队，客场作战的荷兰队至少应该保住一场胜利。不过在比赛中，冰岛队却率先进球，尽管荷兰队在下半场扳平比分，但没能在比赛结束前打进第二球，不得不接受平局的结果。

除此之外，在客场0∶1不敌西班牙队的比赛也很可惜，荷兰队只是因为西班牙队罚进了点球而输球。

虽然无缘这一届欧洲杯，但经过这一过程的历练，古利特、里杰卡尔德和范巴斯滕都获得了长足的进步。

预选赛阶段，古利特打进5球，在这个小组内仅次于西班牙队球员桑蒂拉纳，而里杰卡尔德打进2球，范巴斯滕也有1球入账。

随着时间的推移和比赛的历练，古利特、里杰卡尔德和范巴斯滕逐渐成熟起来，成为各自俱乐部的关键球员，荷兰队也因此受益，但1986年世界杯预选赛还是给这伙年轻人上了最后一课。

这一届世界杯预选赛，荷兰队表现不佳。在这个以匈牙利队、奥地利队和塞浦路斯队为对手的小组中，荷兰队仅仅取得了3场比赛的胜利，主场以1∶2的比分输给匈牙利队、客场以0∶1的比分输给奥地利队都是不该出现的结果。

最后一场比赛，荷兰队在客场以1∶0的比分击败匈牙利队，艰难地为自己夺得了参加附加赛的资格。在附加赛中对阵比利时队，荷兰队先在客场以0∶1的比分不敌比利时队，随后在主场的比赛中，彼得·豪特曼、罗布·德威特通过进球，一度帮助荷兰队逆转了总比分，就在荷兰队即将取得1986年世界杯的参赛资格时，比利时队球员乔治·格伦在比赛进行到第85分钟时打入一球，帮助比利时队收获了一个极其关键的客场进球，将总比分变成2∶2的平局。

荷兰队

比赛结束之后，比利时队就是凭借这一个客场进球淘汰了荷兰队，使荷兰队再次无缘世界杯正赛。

◆ 剑客时代欧洲之巅

1986年世界杯预选赛的失利，深深地刺痛了荷兰队的年轻球员，也使得荷兰足协请回了米歇尔斯。

1984年，米歇尔斯在结束德国科隆队的执教工作之后，就回到荷兰足协担任技术总监。自1974年世界杯之后，米歇尔斯在其他地方的执教难言成功。虽然他为巴萨队带来了一座西班牙国王杯冠军奖杯，但在科隆队，米歇尔斯的前任卡尔-海因茨·赫德戈特是一位更喜欢给予球员自由发挥空间的教练，所以在米歇尔斯执教之后，科隆队球员在适应比赛方面遇到了很大的问题。虽然米歇尔斯在队中也有自己的拥趸，但米歇尔斯和球队核心球员皮埃尔·利特巴尔斯基的关系很差，利特巴尔斯基曾经如此评价米歇尔斯：

"也许他确实拥有战术技巧，现代足球的发展也表明他的愿景已经成为现实，但对于像我这样的个人主义者来说，这是致命的……他只是想摧毁我的意志，夺走我踢球的乐趣，把我变成另一

88

个人。"

很显然，"全攻全守"并不适合所有球队，米歇尔斯同样也需要特殊的球员来践行其战术，很显然，荷兰队的球员更能理解米歇尔斯想要什么。

于是在1986年4月，米歇尔斯重新成为荷兰队主帅。虽然当时的荷兰队已经没有了米歇尔斯熟悉的球员，但这一次米歇尔斯和荷兰队有了更多的时间。

1988年欧洲杯预选赛，荷兰队与希腊队、匈牙利队、波兰队和塞浦路斯队被分在一组。8场比赛，荷兰队取得了6胜2平的不败战绩，最终领先排在小组第二名的希腊队多达5分，轻松获得了1988年欧洲杯的正赛资格。

不过在预选赛阶段，荷兰队球员和米歇尔斯之间的"化学反应"并未立刻发生。这体现在前4场比赛，荷兰队就打出了两场平局，而且在这4场比赛里，荷兰队仅仅打进4球，这一点都不像米歇尔斯所带领的球队。

而在后4场比赛里，荷兰队打进了11球。如果不是荷兰队与塞浦路斯队的比赛中出现了爆炸事件，导致8：0的比赛结果被作废，改记为4：0，荷兰队本可以打进15球。

在1988年欧洲杯开打之前，一支由米歇尔斯打造的全新荷兰队

已经诞生。

1988年欧洲杯小组赛阶段，荷兰队和苏联队、爱尔兰队、英格兰队被分在一组。首场比赛，荷兰队还是进入状态较慢，以0∶1的比分输给了苏联队，这也使得荷兰队必须要在此后的两场比赛中踢出更好的表现。

这个时候，荷兰队球员开始发威。

小组赛第二场，荷兰队迎战英格兰队，范巴斯滕直接上演帽子戏法，帮助荷兰队以3∶1的比分取得了胜利；最后一场比赛对阵爱尔兰队，维姆·基夫特在比赛进行到第82分钟时的进球，帮助荷兰队拿到了关键的胜利。

荷兰队因此排名小组第二，成功晋级到四强。

半决赛，荷兰队遭遇联邦德国队。

很显然，这是荷兰队和米歇尔斯一次绝佳的复仇机会，而一切都和1974年世界杯无比相似，因为联邦德国队依然是东道主球队，占据着主场优势。

这一次，米歇尔斯和荷兰队没有让机会溜走。

比赛开始之后，两支球队立刻开始了激烈的争夺，但上半场比赛双方都没有建树。到了比赛的下半场，联邦德国队率先打破了比分的僵局。比赛进行到第55分钟时，马特乌斯将点球罚入，帮助联邦德国队取得了领先。正当荷兰队球迷担心球队会重蹈1974年的覆辙时，范巴斯滕为荷兰队制造了点球机会，罗纳德·科曼一击即中，将两支球队拉回到同一起跑线。

最后时刻，两支球队实际上都已经做好了打加时赛的准备，但就在距离比赛结束不到两分钟的时候，范巴斯滕再次成为关键先生，他打入绝杀球，帮助荷兰队在最后时刻逆转比分，夺取胜利。

赢得这场比赛的胜利，意味着荷兰队将彻底忘记1974年世界杯决赛的伤痛，而在赢下联邦德国队之后，冠军其实已经近在眼前。

就像米歇尔斯在赛后接受采访时所说的："我们赢得了比赛，但我们都知道半决赛才是真正的决赛。"

决赛场上，荷兰队的对手是在小组赛阶段战胜过自己的苏联队。在这场比赛中，荷兰队已经和欧洲杯刚开幕时完全不同，所以苏联队也败下阵来。在比赛进行到第33分钟时，古利特首开纪录，随后在比赛进行到第54分钟时，范巴斯滕打进荷兰队的第二球。

范巴斯滕的这个进球极为夸张，因为范巴斯滕的射门角度极小，而且他没有等球落地，而是选择了直接凌空射门。这次射门的照片传遍了世界各地，至今仍被许多人视为世界足坛历史上最经典的进球之一。

凭借这个进球，荷兰队终结了这场比赛的悬念，荷兰队最终以

荷兰队

2：0的比分战胜了苏联队，获得了1988年欧洲杯冠军。

1988年欧洲杯冠军是荷兰队自成立以来第一次真正意义上的伟大成功，而这个成功依然出自米歇尔斯。

尽管米歇尔斯是一个相当严厉的教练，但在获得冠军之后，米歇尔斯也展现了自己幽默的一面。欧洲杯结束之后，球员为米歇尔斯买了一块昂贵的手表作为礼物，当被记者问到那是不是一个激动人心的时刻时，米歇尔斯回答道：

"他们说这是新的，所以我们就当它是好了。"

然而这位伟大的教练，和1974年一样，在国际大赛结束后就选择了离开。

◆ 矛盾浮现埋下隐患

作为1988年欧洲杯冠军，荷兰队非常自然地被视为1990年世界杯的夺冠热门球队。尽管没有了米歇尔斯，但在欧洲杯结束之后，里杰卡尔德转会至意大利的AC米兰队，与范巴斯滕和古利特组成了名震四海的荷兰"三剑客"。

在俱乐部赛场，三人帮助AC米兰队收获了更多的成功，球员自己也收获了个人荣誉，所以在拥有这样的球星的情况下，荷兰队很难不被寄予更多的期望。

对于荷兰队来说，1990年世界杯预选赛没有什么难度，唯一重要的比赛就是和联邦德国队之间的两回合较量。客场对阵联邦德国队，荷兰队以0∶0的比分和对手战平，而在主场，两支球队各进一球，以1∶1的比分再次收获了一场平局。

所以谁能占据小组第一的位置，取决于谁在对阵芬兰队和威尔士队的比赛中犯更少的错误。荷兰队做到了这一点，取得了全部四场比赛的胜利，联邦德国队则在客场被威尔士队逼平，屈居小组第二，不过联邦德国队最终以成绩最好的小组第二名晋级了1990年世界杯正赛。

就在外界期待荷兰队冲击世界杯冠军的时候，荷兰队内部出现了问题。

预选赛阶段，主教练蒂斯·里布里赫茨和部分队员之间存在的紧张关系变得无法调和，于是里布里赫茨在世界杯开赛前六个月被荷兰足协解雇。

当时，大多数荷兰队球员都倾向于让克鲁伊夫前来接手球队，但荷兰足协在征求了技术总监米歇尔斯的意见之后，最终选择了莱奥·本哈克，这为荷兰队在1990年世界杯的失败埋下了伏笔。

荷兰队

很多人一直不理解米歇尔斯的这一推荐结果,怀疑米歇尔斯是不想让自己的学生克鲁伊夫取得比他本人更大的成功,因此才推荐了本哈克,甚至克鲁伊夫都在自传中有这样的疑问,但米歇尔斯一直否认这一点。

接手球队之后,本哈克立刻面临一项艰巨的任务,就是让球队涣散的军心重新凝聚起来。对于球员时代无比闪耀的克鲁伊夫来说,这一任务不会很艰难,因为克鲁伊夫仅仅站在更衣室内就拥有自带的权威,但本哈克显然不具备这样的优势。

不过,除了这一点之外,即便是克鲁伊夫接手荷兰队,也要面对一个无法逃避的难题:古利特刚刚伤愈复出,缺乏比赛节奏,与其正常水平相差甚远。

受到各种事情的影响,荷兰队的表现相当糟糕。

1990年世界杯小组赛阶段,荷兰队与英格兰队、爱尔兰队、埃及队被分在一组。这届世界杯有24支球队参加正赛,小组赛阶段结束之后,将会从中决出16强,所以部分小组的第三名也可以晋级。

这一赛制挽救了荷兰队,因为小组赛的三场比赛,荷兰队一场未胜,全部取得了平局,最终荷兰队仅仅排名小组第三。在六个小组的小组第三名中,荷兰队的成绩排在第三名,这让荷兰队得以进军十六强。

　　以这样的方式晋级淘汰赛，表明荷兰队注定无法达到人们的期望，而且在1/8决赛遇到联邦德国队的情况下，荷兰队的征程只能到此为止。

　　大敌当前，荷兰队反倒放下了内部的恩怨。

　　这场1/8决赛，荷兰队开局尚可，创造出了一些机会，但这一切非常短暂，荷兰队还是受到了情绪的影响。比赛中，里杰卡尔德没能控制住自己的情绪，与德国队球员鲁迪·沃勒尔发生口角，并且向沃勒尔吐了两次口水，这使得两名球员最终都被判罚红牌，荷兰队就此失去了对比赛的控制。

　　下半场比赛，尤尔根·克林斯曼和安德烈亚斯·布雷默各进一球，帮助联邦德国队建立了两球的领先优势。比赛结束前，罗纳德·科曼打入一球，但荷兰队没能创造奇迹，最终以1：2的比分输给了联邦德国队，就此打道回府。

◆ 老帅出山剑客退隐

　　1990年世界杯结束之后，本哈克表示其一直无法驾驭荷兰队内的三位球星。很显然，这就是荷兰队在1990年世界杯上失败的根本

荷兰队

原因。

在这种情况下，荷兰足协只好再次找回米歇尔斯，62岁的老帅再度出山。在克鲁伊夫无法执教球队的情况下，唯有米歇尔斯能镇住这些大名鼎鼎的球星。

这一选择当然不会有任何问题，所以在1992年欧洲杯预选赛，荷兰队几乎立刻就恢复了自己的正常状态。荷兰队和葡萄牙队、希腊队、芬兰队、马耳他队被分在一组，8场比赛，荷兰队取得了6胜1平1负的战绩，而且整个预选赛过程中，荷兰队仅仅丢掉了两球，让晋级变得异常顺利。

不仅是在预选赛，荷兰队在正赛的表现也相当突出。

1992年欧洲杯，荷兰队与德国队、苏格兰队、独联体队被分在一组。首场比赛，荷兰队1∶0小胜苏格兰队，为自己从小组出线奠定了坚实的基础；第二场比赛对阵独联体队，荷兰队没能在对手身上取得进球，最后以0∶0的比分战平独联体队。

最后一场比赛对阵德国队，里杰卡尔德在比赛进行到第4分钟时就取得了进球，此后的荷兰队顺风顺水，在比赛结束前又打进了两球，让克林斯曼的进球变得毫无意义。最终荷兰队以3∶1的比分战胜德国队，以小组第一的名次晋级半决赛。

荷兰队在半决赛上的对手是丹麦队，按理来说，丹麦队不应该是荷兰队的对手，因为丹麦队本不该出现在这届欧洲杯上。

预选赛阶段，丹麦队排在小组第二名，落后于同组的南斯拉夫队。但在欧洲杯开幕前，南斯拉夫爆发战争，作为小组第二名的丹麦队才得以递补参赛。

然而面对丹麦队，荷兰队却没能打出应有的状态。比赛进行到第5分钟时，丹麦队球员亨里克·拉尔森率先进球，虽然荷兰队很快就扳平了比分，但在比赛进行到第33分钟时，拉尔森上演了梅开二度，让丹麦队再次获得了领先。

下半场比赛，荷兰队奋勇拼搏，为获得进球付出了无限的努力。但直至比赛第86分钟，荷兰队才得偿所愿，里杰卡尔德打进一球，帮助荷兰队扳平了比分，从而将比赛拖入了加时赛，但在加时赛阶段，双方均无建树，比赛由此进入了残酷的点球大战环节。

在点球大战中，最不该罚失点球的范巴斯滕，成为双方十名球员中唯一没能罚进点球的球员，荷兰队因此止步半决赛，结束了这一次欧洲杯之旅。

对于荷兰足球来说，克鲁伊夫、内斯肯斯、高鲁和里杰卡尔德、古利特、范巴斯滕，这两批球星是支撑荷兰队在20世纪七八十年代位居欧洲强队地位的领军人物。

这6个人在前锋、中场和后卫线上前后衔接，让荷兰队维持了近

荷兰队

20年的强势表现，然而在球员之外，真正的基石是米歇尔斯。

米歇尔斯带领荷兰队走向了第一个高峰，为荷兰队带来了第一次国际大赛冠军，他屡屡在荷兰队陷入危机的时候，拯救球队于水火之中。

然而，一代人有一代人的职责。当米歇尔斯老去，"三剑客"退隐江湖，荷兰足球需要找到属于自己的可持续发展的道路。

这才是荷兰队维持竞争力的不二法门。

第四章

"郁金香"群星闪耀

从米歇尔斯时代就足以证明，如果一名教练

没有非凡的资历或能力，很难驾驭这支球队。

——引语

荷兰队

◆ 璀璨星光未来可期

在1992年欧洲杯结束之后，米歇尔斯彻底结束了自己的教练生涯。

这位在后世被多家媒体称为"足球历史上最伟大的教练"，在执教荷兰队的最后一届国际大赛后，留下了自己的"遗产"。

这份"遗产"的名字叫作丹尼斯·博格坎普。

就在米歇尔斯最后一次执教荷兰队的第一场比赛中，米歇尔斯让博格坎普完成了其在荷兰队的首秀。而在1992年欧洲杯，23岁的博格坎普攻入三球，和丹麦队的拉尔森、瑞典队的托马斯·布洛林、德国队的卡尔－海因茨·里德尔并列成为这届欧洲杯的最佳射手。

博格坎普很快就将成为荷兰队所依靠的关键球员。

在1992年欧洲杯结束之后，荷兰队投入到了1994年世界杯的备战阶段。

迪克·埃德沃卡特接替米歇尔斯成为荷兰队主教练，刚开始的时候，埃德沃卡特始终认为自己将会在不久的未来被克鲁伊夫所取代，但随着克鲁伊夫和荷兰足协的谈判破裂，埃德沃卡特继续负责荷兰队的备战工作。

1994年世界杯预选赛，荷兰队和挪威队、英格兰队、波兰队、土耳其队、圣马力诺队被分在一组。10场比赛，荷兰队取得了6胜3平1负的战绩，这个成绩让荷兰队排在了获得小组第一名的挪威队之后，但也排在了获得小组第三名的英格兰队之前，成功晋级1994年世界杯正赛。

不过在预选赛阶段，荷兰队的状态不稳定还是清晰可见。

随着"三剑客"的逐渐老去，荷兰队现在越来越需要年轻人挺身而出，而年轻人的成长需要时间，其中就包括博格坎普和罗纳德·德波尔、弗兰克·德波尔这对兄弟。

到了1994年，年轻球员已经逐渐成熟，所以在范巴斯滕受伤和古利特缺席的情况下，1994年世界杯实际上成为荷兰队年轻球员上位的机会。

1994年世界杯小组赛阶段，荷兰队和沙特阿拉伯队、比利时队、摩洛哥队被分在一组。荷兰队凭借2：1的比分分别战胜了沙特阿拉伯队和摩洛哥队，但在第二场小组赛，荷兰队以0：1不敌比利时队。最终荷兰队在小组赛取得了2胜1负的战绩，以小组第一的身份晋级淘汰赛。

荷兰队

1/8决赛，荷兰队和爱尔兰队狭路相逢。

在比赛进行到第10分钟时，博格坎普就为荷兰队首开纪录，从而让荷兰队在这场比赛中没有了太大的压力。在比赛进行到第40分钟的时候，维姆·琼克为荷兰队打进了第二球，帮助荷兰队以2：0的比分战胜爱尔兰队。

进入1/4决赛后，球队之间的强弱差距开始变小，荷兰队也不免要遇到强敌。在1/4决赛，荷兰队的对手是巴西队。

这场比赛，两支球队为现场的球迷奉献了一场进球大战，但在上半场，两支球队都未能攻破对手的球门，上半场比赛以0：0的比分收场。下半场比赛风云突变，罗马里奥为巴西队先进一球，随后贝贝托让巴西队的领先优势变为两球。

就在比赛的天平开始向巴西队倾斜的时候，博格坎普立刻发威，他在比分变为0：2的两分钟后就打进一球，为荷兰队将比分改写为1：2。在比赛进行到第76分钟的时候，阿伦·温特一度帮助荷兰队扳平了比分，但5分钟过后，巴西队球员伊布莱姆·布兰科打进了巴西队的第三球，巴西队将3：2的比分保持到了比赛结束，荷兰队因此被淘汰出局。

和此前的荷兰队相比，世界杯八强的成绩当然算不上多好，但在"三剑客"淡出、年轻球员未成功上位的青黄不接时期，荷兰队取得这样的成绩可以理解，而且表现也不算多差。

荷兰队依然是有实力的一支球队，但与打出成绩还有一段距离，年轻球员还需要时间来成长。

1996年欧洲杯预选赛，荷兰队和捷克队、挪威队、白俄罗斯队、卢森堡队、马耳他队被分在一组。荷兰队本该是这个小组中最有希望获得第一名的球队，但在10场比赛中，荷兰队仅仅获得了6胜2平2负的战绩。

客场以1∶1的比分战平挪威队、主场以0∶0的比分战平捷克队、客场以1∶3的比分不敌捷克队，以及客场以0∶1的比分输给白俄罗斯队，荷兰队在这些比赛中本都可以获得更好的结果，但荷兰队没有做到。

这使得荷兰队在预选赛结束后，仅仅排在小组第二名的位置上，而这意味着荷兰队需要通过参加附加赛来争夺1996年欧洲杯的正赛名额。

在这场在中立场地进行的附加赛上，荷兰队以2∶0的比分击败了爱尔兰队，这才让荷兰队获得了参加1996年欧洲杯的机会。

不过在这届欧洲杯预选赛上，接替埃德沃卡特成为荷兰队新帅的古斯·希丁克依然发掘了很多年轻球员，让克拉伦斯·西多夫、帕特里克·克鲁伊维特等人完成了在荷兰队的首秀，包括马克·奥

荷兰队

维马斯也在这届预选赛中积攒了更多的经验。

可惜的是，这些进步并没有让荷兰队在1996年欧洲杯上打出好成绩。

◆ 点球梦魇成长代价

1996年欧洲杯，荷兰队和东道主英格兰队被分在一组，同组的对手还有苏格兰队和瑞士队。

首场比赛对阵苏格兰队，荷兰队并没有抓住这个取得胜利的好机会，只是以0∶0的比分和苏格兰队无奈战平。第二场比赛对阵瑞士队，荷兰队才打开了自己的进球账户，克鲁伊夫的儿子约尔迪·克鲁伊夫和博格坎普各进一球，帮助荷兰队以2∶0的比分战胜了瑞士队。

小组赛最后一场比赛对阵英格兰队，荷兰队自然在客场落入下风，一度陷入了比分为0∶4的落后局面。最终荷兰队仅靠克鲁伊维特的进球挽回了一丝颜面，以1∶4的比分输给了英格兰队。

小组赛结束后，荷兰队只是凭借进球数更多才力压分数相同的苏格兰队，以小组第二名的成绩晋级淘汰赛。

小组赛阶段的表现，已经预示了荷兰队在这届欧洲杯的结果不会太好，但在1/4决赛，荷兰队至少打出了一场顽强的比赛。

荷兰队在1/4决赛的对手是法国队。全场比赛，荷兰队没有让法国队获得进球的机会，但荷兰队自己也无力打出更多的进攻，这样的僵持状态一直持续了120分钟，两支球队需要通过点球大战才能分出胜负。

在点球大战上，西多夫成为唯一罚失点球的球员，荷兰队输掉了比赛，也就此结束了这一届欧洲杯的征程。

1996年欧洲杯，荷兰队球员普遍表现不佳，老将的存在感越来越低，而年轻气盛的小伙子们还不足以担起这副重担。

所以，荷兰队内部出现了一些问题和矛盾。

小组赛阶段，当时只有23岁的埃德加·戴维斯没能获得上场机会，因此与主帅希丁克产生了矛盾。戴维斯认为希丁克在队内更欣赏白人球员，这是自己没能上场的原因，于是在接受媒体采访时，戴维斯直接"炮轰"希丁克："如果希丁克把他的眼睛从某些球员的屁股上挪开的话，他能看得更清楚一些。"

当然了，在说出这句话之后，戴维斯立刻遭到了荷兰队的开除。由此也可以看出，荷兰队并不缺少优秀的球员，但将源源不断的优秀球员团结在一起，始终是荷兰队最大的难题。

荷兰队

　　虽然队内出现了一些问题，但希丁克并没有因此丢掉荷兰队主帅的工作，而荷兰队接下来的目标将是1998年世界杯。

　　这一届世界杯的预选赛，荷兰队的稳定性有所进步。荷兰队在预选赛阶段的对手是比利时队、土耳其队、威尔士队和圣马力诺队，对手的实力普遍一般，所以荷兰队以四连胜的战绩，迅速占据了出线的有利地位。虽然接下来在客场以0∶1的比分不敌土耳其队，但随后的两连胜让荷兰队的出线变成了板上钉钉，哪怕最后一场比赛在主场也没能击败土耳其队，但这并没有影响荷兰队获得小组第一名的最终结果。

　　预选赛阶段，博格坎普打进了7球，成为荷兰队晋级1998年世界杯正赛的最大功臣。世界杯开幕前，博格坎普已经29岁，这显然是其最后一次帮助荷兰队在世界杯上取得好成绩的机会。

　　有了博格坎普压阵，年轻球员也已经足够成熟，而在世界杯开始之前，希丁克和戴维斯也冰释前嫌。戴维斯在俱乐部赛场打出了优异的成绩，这让希丁克将其重新征召，所以外界普遍认为，1998年世界杯是荷兰队的一次好机会。

　　不过在小组赛阶段，荷兰队并没有取得令人信服的成绩。荷兰队与墨西哥队、比利时队、韩国队被分在一组，三场比赛结束后，荷兰队仅仅取得了1胜2平的战绩，唯一的胜利是以5∶0的比分战胜了韩国队，对阵比利时队和墨西哥队，荷兰队都只是与对手战平。

　　即便如此，荷兰队依然获得了小组第一名的成绩，晋级到了淘汰赛阶段。

　　进入淘汰赛之后，荷兰队终于步入正轨。

　　1/8决赛，荷兰队与南斯拉夫队狭路相逢，博格坎普在这场比赛中先进一球。下半场比赛，南斯拉夫队球员斯洛博丹·科姆列诺维奇扳平了比分，如果不是普雷德拉格·米亚托维奇错失点球，南斯拉夫队甚至有机会将比分反超。就在比赛即将进入加时赛之前，希丁克证明了心胸开阔的好处，戴维斯在伤停补时阶段打进绝杀球，帮助荷兰队在最后一刻取得了比赛的胜利。

　　在这样的表现过后，荷兰队在1/4决赛的对手是阿根廷队。比赛中，荷兰队依旧是率先进球的一方，比赛仅仅进行到第12分钟，克鲁伊维特首开纪录，但5分钟过后，克劳迪奥·洛佩斯就帮助阿根廷队扳平了比分。

　　和1/8决赛的剧情非常相似，荷兰队在这场比赛又是通过最后一刻的进球击败了对手，这一次进球的是博格坎普。

　　这个进球的过程非常精彩。

　　当时，弗兰克·德波尔在中线后送出一脚长传球，球直接找到了处于球队最前面的博格坎普，面对这个从身后飞来的长传球，博格坎普高高跃起，用右脚稳稳地卸下球之后，立刻又用右脚一扣过掉了试图上前破坏的阿根廷队球员罗伯托·阿亚拉，随后博格坎普调整脚步，再用右脚的外脚背将球打入了球门的上角。

在赛后接受采访时，阿亚拉也不得不承认博格坎普在这次进球中的出色表现："我的意思是，我已经看过很多次（比赛视频）了，但仍然找不到我在那次防守中的失误。在这个区域，我没有犯任何错误，他的控制力令人难以置信。"

连续以两场绝杀晋级下一轮淘汰赛，荷兰队的表现仍有可以进步的空间，但能够如此晋级，也说明了荷兰队球员的个人能力已臻化境。

这是荷兰队自1978年以来首次进入世界杯半决赛，而在半决赛对阵巴西队，荷兰队依然是这样的表现。面对夺冠热门球队和罗纳尔多，荷兰队当然没能避免丢球。比赛进行到第46分钟的时候，罗纳尔多破门得手，帮助巴西队率先进球，而且在此之后，罗纳尔多多次获得扩大领先优势的机会，但在比赛进行到第87分钟时，克鲁伊维特用头球扳平比分，为荷兰队争取到了加时赛的机会。

在加时赛中，两队均无建树，因此双方进入点球大战。荷兰队在这个时候出现了致命失误，菲利普·科库和罗纳德·德波尔接连罚丢，这导致荷兰队最终输掉了比赛，未能闯入决赛。

最终在季军赛中，荷兰队以1∶2的比分输给了克罗地亚队，以第四名的成绩结束了1998年世界杯。

从历史角度来说，荷兰队的这个成绩当然不能算差，但输在点球大战中，还是让荷兰队球迷感到相当遗憾。希丁克在1998年世界杯结束之后选择了辞职，而荷兰足协将球队直接交给了助理教练——里杰卡尔德。

尽管作为荷兰队的功勋球员，里杰卡尔德在更衣室内拥有自带的权威，但这是其独立执教的第一支球队，外界普遍担心里杰卡尔德缺乏经验。所以在初期，里杰卡尔德的执教能力并没有得到重视，甚至还引来了一些质疑。

因为2000年欧洲杯，荷兰队将以东道主球队的身份参加比赛。

◆ 本土作战令人心碎

2000年欧洲杯由荷兰和比利时两国合作举办，所以两国的国家队都无须参加预选赛，直接从正赛打起。

作为东道主球队之一，比利时队在小组赛阶段即遭淘汰，但荷兰队在里杰卡尔德的带领下，却打出了不错的成绩。小组赛阶段，

荷兰队

荷兰队与法国队、捷克队、丹麦队被分在一组，荷兰队罕见地取得了小组赛全胜的战绩。

尤其是第三场比赛对阵法国队，荷兰队仅用不到60分钟就打进了3球，当然法国队也在这段时间打进两球，比赛最终就以3：2的比分结束，荷兰队自然获得了小组第一名的成绩。

进入1/4决赛，荷兰队又遇到了南斯拉夫队。

这一次，荷兰队没有让南斯拉夫队看到胜利的希望，荷兰队从比赛进行到第24分钟时就开始不断进球，在比赛结束前一共打进了6球，南斯拉夫队球员萨沃·米洛舍维奇为球队挽回了一丝颜面，荷兰队以6：1的大比分战胜了对手，轻松晋级到半决赛。

半决赛，荷兰队迎来了意大利队的挑战。这场半决赛，荷兰队有着大量可以取胜的机会，意大利队后卫球员詹卢卡·赞布罗塔在上半场就被判罚两张黄牌，从而被红牌罚下。这让荷兰队立刻获得了人数上的优势，也使得荷兰队在比赛中创造了大量的机会，但博格坎普的射门打在了门柱上，荷兰队另外的两个点球也没有罚进。冥冥之中，这预示了荷兰队的运气有多么糟糕。

在如此被动的情况下，意大利队将0：0的比分一直保持到了加时赛结束。荷兰队坐拥无数机会，却要将比赛的胜负寄托在偶然性极大的点球大战环节，这让荷兰队球员的心理压力陡然增加。而早已做好输球准备的意大利队则获得了心理上的优势，因为即便意大利队输球，也没有人会责怪意大利队球员。

最终，尽管意大利队球员保罗·马尔蒂尼罚丢了点球，但荷兰队罚丢点球的球员更多，弗兰克·德波尔、雅普·斯塔姆、保罗·博斯维尔特都将点球罚丢，成就了意大利队门将弗朗西斯科·托尔多的伟大。

荷兰队以令人心碎的方式输掉了这场半决赛，结束了这次在本土举办的欧洲杯之旅。

如此输球，让荷兰队无比失望。

比赛结束之后，里杰卡尔德就宣布了辞职的决定，而在此后不久，博格坎普也决定从荷兰队退役，专注于俱乐部赛事。

在为荷兰队出场的79场比赛中，博格坎普打进了37球，帮助荷兰队维持住了欧洲强队的地位。如果不是博格坎普对乘坐飞机感到恐惧，他其实有机会在荷兰队打出更好的表现。

1993年，博格坎普加盟国际米兰队，在前往客场比赛的时候，球队经常选择乘坐稳定性较差的小型飞机，这引发了博格坎普的恐惧症。1994年世界杯之后，博格坎普就决定不再乘坐飞机。

这给博格坎普带来了很多麻烦，严重限制了博格坎普随荷兰队出战的能力。在距离不远的情况下，博格坎普会选择乘坐汽车或火车前往比赛场地，但这就意味着博格坎普需要比球队更早出发，在路途上花费的时间和精力也会更多，而有时候后勤安排无法照顾到博格坎普，荷兰队就只好不带博格坎普去参加比赛。

◆ 动荡时代何去何从

没有了博格坎普，也没有了里杰卡尔德，荷兰足协开始了物色新帅人选。

在现有的球员里，包括埃德温·范德萨、戴维斯、米歇尔·雷齐格、西多夫、奥维马斯、克鲁伊维特和德波尔兄弟这些球员，都是路易斯·范加尔在20世纪90年代中期执教阿贾克斯队期间引进或发掘的，范加尔和球员最终代表阿贾克斯队获得了欧冠的冠军，所以范加尔被视为最好的选择。

而在当时，范加尔也在巴萨队遇到了文化和足球理念上的麻烦，有些球员并不愿意跟随范加尔，这让范加尔很苦恼。

于是，范加尔与荷兰足协一拍即合，范加尔回国执教荷兰队，开始备战2002年世界杯。

从表面上看，这简直是最合理的选择，范加尔无比熟悉荷兰队的这些核心球员，而球员也很熟悉范加尔的执教方式。

然而在2002年世界杯预选赛，荷兰队根本没有打出理论上的优异表现。

预选赛阶段，荷兰队和葡萄牙队、爱尔兰队、爱沙尼亚队、塞浦路斯队、安道尔队被分在一组。荷兰队的最大对手就是葡萄牙队，但在第一场比赛，荷兰队没能在主场战胜爱尔兰队，以2：2的比分战平，为最后的出局埋下了伏笔。

此后荷兰队战胜了塞浦路斯队，刚刚看到一点希望，随即就在主场以0：2的比分不敌葡萄牙队，给自己带来了真正的麻烦。

接下来对阵弱旅，荷兰队倒是都取得了胜利，但客场对阵葡萄牙队，荷兰队还是未能取胜，只获得了比分为2：2的平局。

最致命的是第8场比赛。在荷兰队客场挑战爱尔兰队的比赛之前，范加尔夸下海口，说荷兰队更有天赋，所以爱尔兰队球迷也希望荷兰队能够晋级。结果到了赛场上，爱尔兰队在被罚下一人的情况下，在比赛进行到第68分钟时取得了进球，最终以1：0的比分取得了胜利。

输掉这场比赛之后，荷兰队在还剩两场比赛的情况下，落后爱尔兰队多达7分，这意味着尽管预选赛还没有结束，但荷兰队已经失去了晋级的可能性，也意味着荷兰队自1986年以来，首次无缘世界

荷兰队

杯正赛。

虽然外界将责任归咎于荷兰队球员缺乏团队精神，但在2001年11月30日，范加尔还是辞去荷兰队主帅的职务，埃德沃卡特接手了这支伤痕累累的荷兰队。

然而，换帅并没有解决荷兰队的全部问题，经过长时间的准备，埃德沃卡特的荷兰队在2004年欧洲杯预选赛中的表现依然一般。在预选赛阶段，荷兰队两战捷克队都未能取胜，只好以小组第二名的身份参加附加赛。

附加赛对阵苏格兰队，荷兰队居然在客场以0：1的比分输给了对手；幸亏荷兰队在主场找回了状态，以6：0的比分大胜对手，最终获得了参加2004年欧洲杯的资格。

在这场比赛中，上演了帽子戏法的鲁德·范尼斯特鲁伊是荷兰队的最大功臣，他打出了自己在荷兰队的第一个令人印象深刻的表现。

重返国际大赛当然令人欣慰，但在2004年欧洲杯上，即便荷兰队的成绩不错，但埃德沃卡特还是受到了广泛的批评。

小组赛阶段，荷兰队又和捷克队被分在一组，同组对手还有德国队和拉脱维亚队。荷兰队仅在拉脱维亚队身上取得胜利，对阵德国队则以比分为1：1的平局收场，而对阵捷克队，荷兰队甚至以

2：3的比分输掉了比赛。

最终，只取得了1胜1平1负战绩的荷兰队在德国队表现更加糟糕的情况下，以小组第二名的身份晋级淘汰赛。

1/4决赛对阵瑞典队，荷兰队就开始出现问题。

这场比赛的节奏很快，双方都创造了一些机会，这体现在范尼斯特鲁伊和拉尔森都曾有过击中对方球门门柱的时候，尽管如此，比分也仍然没有变化，最终双方还是需要通过点球大战决出胜负。

在这次点球大战上，尽管科库再次罚丢点球，但瑞典队罚丢的更多，荷兰队在历史上首次赢得了点球大战的胜利，从而打破了自1992年欧洲杯以来参加点球大战即输球的魔咒。

然而以这种方式取得的胜利，很难支持荷兰队走得更远。在半决赛对阵东道主球队——葡萄牙队，荷兰队很快就败下阵来，甚至进球都只能依靠葡萄牙队自摆乌龙来获得，最终荷兰队以1：2的比分输给了葡萄牙队，结束了这一次混乱的欧洲杯之旅。

2004年欧洲杯结束之后，埃德沃卡特辞去了荷兰队主帅一职。

传言荷兰队球迷对埃德沃卡特在欧洲杯上的执教表现非常不满，一些极端球迷甚至向埃德沃卡特发出死亡威胁，这使得其压力越来越大，最终选择了辞职。

荷兰队

荷兰队球迷的愤怒，是因为他们认为荷兰队的实力依然相当突出，完全有机会获得比欧洲杯四强更好的结果。不过荷兰队球迷忽略了一点，荷兰队球员的实力的确非常突出，但这样一支天赋十足的球队，在管理层面会给主教练带来相当大的困难。

从米歇尔斯时代就足以证明，如果一名教练没有非凡的资历或能力，很难驾驭这支球队。

而这样的混乱，还会继续发生。

第五章

"无冕之王"

这是荷兰队历史上的第三场世界杯决赛，但荷兰队依然没有取胜的好运。

——引语

荷兰队

◆ "黄金一代"浮出水面

在埃德沃卡特的各条"罪状"中，荷兰队球迷最无法忍受的一条就是埃德沃卡特对一名球员的使用情况。

这名球员叫作阿尔扬·罗本。

2004年欧洲杯是罗本在荷兰队的第一届国际大赛。当时，只有20岁的罗本在小组赛第二场对阵捷克队的比赛中表现相当突出，他送出了两次助攻，始终在威胁着捷克队的后卫。但在比赛进行到第59分钟时，埃德沃卡特做出了一个连荷兰队球员都感到惊讶的换人决定，埃德沃卡特用当时已经34岁的保罗·博斯维尔特换下了罗本。

在罗本下场之后，捷克队立刻恢复了生机，赶在比赛结束前打进了两球，从而逆转取胜。

这一举动成为埃德沃卡特不受荷兰球迷欢迎的原因之一，但也让更多的荷兰球迷认识到了罗本的能力。

然而对于罗本来说，埃德沃卡特的一些决定或许让罗本也不甚理解，但作为将自己首次召入荷兰队，并且给予欧洲杯登场机会的教练，罗本对埃德沃卡特的态度还是感谢更多。

同样在这届欧洲杯上经历国际大赛初体验，同样只有20岁的韦斯利·斯内德，应该也有类似的心态。

1984年，罗本和斯内德相继出生。

作为同年龄段的球员，两人都在很小的时候就被视为荷兰足球未来的希望，不过罗本直至2002年才得以加盟荷甲的豪门球队之一——埃因霍温队，而斯内德则从小就在阿贾克斯队一路成长。

然而在离开荷甲的时间点上，罗本则要比斯内德早很多，甚至在2004年欧洲杯还没有开幕之前，罗本就得到了来自英格兰诸多豪门球队的关注，所以罗本很早就与切尔西队敲定了转会交易。

很显然，罗本在2004年欧洲杯上的表现，证明了其已经具备在豪门球队踢球的实力，而荷兰队球迷也在期盼以罗本为代表的这一代球员能够帮助荷兰队拿到更多的冠军奖杯。

2004年欧洲杯结束之后，荷兰足协再次需要选拔主帅，这一次又看向了功勋球员之一的范巴斯滕。

当时的范巴斯滕刚拿到教练资格证书不久，依然需要慢慢摸索如何当好一名教练，但成为荷兰队主帅之后，范巴斯滕立刻开始了大张旗鼓的改革，逐步结束了一些老将在荷兰队的生涯，大力提拔包括罗本、斯内德、拉斐尔·范德法特和罗宾·范佩西等年轻

荷兰队

球员。

在2006年世界杯预选赛上，荷兰队就已经开始展现出完全不同的状态。这一届预选赛，荷兰队和捷克队、罗马尼亚队、芬兰队、马其顿队、亚美尼亚队、安道尔队被分在一组，荷兰队在12场比赛中取得了10胜2平的不败战绩，以小组第一的成绩直接晋级2006年世界杯。

这是荷兰队在大赛预选赛中少有的稳定表现。

让荷兰队球迷相当满意的是，荷兰队在两个回合的比赛中都战胜了捷克队，这让荷兰队球迷愿意相信范巴斯滕是主帅位置上的正确人选。范巴斯滕自己也很享受于这种屡战屡胜的结果，整支球队都处于积极向上的状态。

然而预选赛和正赛是截然不同的。荷兰队想要在正赛也屡战屡胜，那么每一个方面都不能出现差错。

范巴斯滕依然选择相信年轻球员。2006年世界杯，范巴斯滕坚决将一些成熟球员排除在荷兰队大名单之外，比如西多夫、戴维斯和罗伊·马凯等人。最终的大名单上只有三名30岁以上的球员，分别是吉奥瓦尼·范布隆克霍斯特、埃德温·范德萨和菲利普·科库。

这个决定无疑非常大胆，而且无论结果如何，都只能由范巴斯滕自己来承担。

2006年世界杯，荷兰队在小组赛阶段表现不错，在这个对手为阿根廷队、科特迪瓦队、塞尔维亚和黑山队的小组中，荷兰队取得了2胜1平的不败战绩。

小组赛第一场比赛对阵塞尔维亚和黑山队，罗本打入了比赛中的唯一进球，帮助荷兰队以1：0的比分战胜对手。第二场比赛，范佩西和范尼斯特鲁伊在4分钟内各进一球，荷兰队以2：1的比分战胜了科特迪瓦队。

小组赛最后一场比赛，荷兰队与阿根廷队互交白卷，两队以2胜1平、积7分的战绩携手出线，但阿根廷队的净胜球比荷兰队更多，荷兰队只得以小组第二名晋级十六强。

这个结果也意味着荷兰队将在1/8决赛遭遇其他小组排名第一的球队，而这个对手很有可能是一支强队。

事实正是如此，荷兰队在1/8决赛的对手是葡萄牙队。

这场对阵葡萄牙队的比赛，以双方球员的动作幅度之大而闻名。本场比赛，主裁判一共出示了16张黄牌，有4名球员被裁判出示红牌而离场。在这样一场支离破碎的比赛中，双方都没有打出应有的水平，但在比赛进行到第23分钟时，葡萄牙队球员马尼切打入一球，最终荷兰队就是因为这一球输掉了比赛，也早早地结束了自己

荷兰队

的2006年世界杯之旅。

◆ 昔日剑客再留遗憾

2006年世界杯，荷兰队整体的表现都相当一般。

范巴斯滕寄予厚望的年轻球员没有多么亮眼的表现，毕竟对
于1983—1984年出生的球员来说，2006年世界杯这个舞台还是太
大了。

对于29岁的范尼斯特鲁伊来说，这也是一届相当令人失望的国
际大赛，因为范尼斯特鲁伊在整届比赛中只打进一球。除了自己的
表现糟糕之外，更让范尼斯特鲁伊不满的是，范巴斯滕在小组赛的
每场比赛中都会将其换下，到了1/8决赛，范尼斯特鲁伊更是没有进
入首发名单，范巴斯滕选择让更年轻的德克·库伊特首发出场，这
也使得范尼斯特鲁伊心生不满。最终在2007年1月，范尼斯特鲁伊宣
布退出荷兰队。

范尼斯特鲁伊之所以宣布退出，是因为在这届世界杯之后，尽
管范巴斯滕因为用人和战术受到了外界的批评，但荷兰足协还是表
示愿意为范巴斯滕提供在原有的四年合同的基础上，再额外续约两

年的新合同。这将使得范巴斯滕只要在新合同上签字，在理论上可以执教到2010年世界杯。

此举被广泛视为荷兰足协对范巴斯滕及其助手的信任，虽然荷兰足协并没有和范巴斯滕达成一致，但范尼斯特鲁伊依然觉得在荷兰队没有希望，干脆选择主动退出。

按照范巴斯滕的性格，他不会做出任何的挽留动作，因为用不了几个月，范尼斯特鲁伊也将年满30岁。然而在没有范尼斯特鲁伊荷兰队就无法进球的情况下，范巴斯滕也不得不率先让步。

2008年欧洲杯预选赛，荷兰队和罗马尼亚队、保加利亚队、白俄罗斯队、阿尔巴尼亚队、斯洛文尼亚队、卢森堡队被分在一组。

在前6场比赛中，荷兰队虽然获得了4胜2平的不败战绩，但在这6场比赛中，荷兰队仅仅打进8球，锋线上球员的短缺直接导致荷兰队被迫接受两场平局的结果。

在这种情况下，放着范尼斯特鲁伊这样的锋线大将不使用，无疑是一件暴殄天物的事情。在队长范德萨的陪同下，范巴斯滕找到范尼斯特鲁伊提出和解，范巴斯滕答应会给范尼斯特鲁伊一个公平竞争的机会，于是范尼斯特鲁伊回到了荷兰队。

将帅和好的效果也非常突出，范尼斯特鲁伊立刻在主场对阵保加利亚队和客场对阵阿尔巴尼亚队的比赛中打进两球，帮助荷兰队

荷兰队

拿到了关键的积分。

但是，荷兰队此后的表现依然飘忽不定，结果自然也是有胜有负，最终只领先小组第三名的保加利亚队一分，惊险晋级2008年欧洲杯。

有了范尼斯特鲁伊，荷兰队至少不再是一支在对方禁区内缺乏压制能力的球队。罗本、范佩西和斯内德等球员已经在过去几年变得足够成熟，但他们的位置都更偏向于中场和边路。

2008年欧洲杯，荷兰队球迷还是很期待荷兰队的表现，而荷兰队在小组赛的表现，也让球迷看到了不小的希望。

小组赛阶段，荷兰队和意大利队、罗马尼亚队、法国队被分在一组。第一场比赛对阵2006年世界杯冠军意大利队，范尼斯特鲁伊在比赛进行到第26分钟时攻破了对方的球门，之后斯内德和范布隆克霍斯特也各进一球，荷兰队以3：0的比分完胜意大利队。

这场比赛的胜利让荷兰队球迷相当兴奋，而第二场比赛面对2006年世界杯亚军法国队，荷兰队的表现依然强势。库伊特在比赛开始仅仅9分钟就帮助荷兰队首开纪录；下半场比赛，荷兰队"三箭齐发"，范佩西、罗本和斯内德相继进球，法国队仅仅依靠蒂埃里·亨利打入一球，荷兰队以4：1的比分取得胜利。

两战强敌，荷兰队都获得了大胜，而最后一场对阵预选赛阶段让荷兰队相当头疼的罗马尼亚队，球员的表现依然稳定。

凭借克拉斯-扬·亨特拉尔和范佩西的进球，荷兰队在这场比赛中以2：0的比分战胜罗马尼亚队，从而以三连胜的战绩相当强势地晋级八强，荷兰队球迷更是已经开始畅想决赛和夺冠的场景。

然而在1/4决赛，荷兰队遇到了这一届欧洲杯的黑马球队——俄罗斯队，而俄罗斯队的主帅不是别人，正是曾经的荷兰队主帅希丁克。

所以这场比赛，对荷兰队最大的考验不在球员身上，而在范巴斯滕身上。

比赛开始之后，荷兰队就发现自己的进攻不再能够顺利地展开，俄罗斯队虽然无法取得更多的控球权，但能够很好地克制荷兰队的进攻。

很显然，希丁克的丰富经验正在发挥作用。

下半场比赛，俄罗斯队率先取得进球，罗曼·帕夫柳琴科打进了关键一球，1：0的领先优势让俄罗斯队可以更加安心地防守荷兰队的进攻，而荷兰队则急得抓耳挠腮。最后时刻，荷兰队几乎派上了队内所有可以派上的进攻手，最终在比赛进行到第86分钟的时候，荷兰队终于扳平了比分。

为荷兰队扳平比分的，还是范尼斯特鲁伊。

荷兰队

这本该是荷兰队一个很好的逆转局势的机会，但在加时赛，希丁克对于比赛节奏的把握仍在范巴斯滕之上，所以荷兰队反而落入下风。

4分钟内，俄罗斯队球员季米特里·托宾斯基和安德烈·阿尔沙文相继进球，彻底终结了这场比赛的悬念。荷兰队以1∶3的比分再次倒在了淘汰赛的第一轮，距离决赛和冠军还有很远的路途。

2008年欧洲杯结束之后，范巴斯滕按照合同正式卸任，此后的范巴斯滕在俱乐部还曾有过几段执教经历，但大多没能成功，和自己球员生涯的表现天差地别。在接受采访时，范巴斯滕也丝毫不避讳地谈到这一点：

"我天生就不是个好教练，我可以训练球员，和他们谈论足球，但是执教球队时遇到输球太让人痛苦了，我无法忍受这样的生活。而且作为教练，你对待球员时刻要保持积极的态度，就像是父亲对待儿子，这个我做不到。"

◆ "无冕之王"悲情继续

范巴斯滕离任之后，荷兰足协早早就敲定了继任者：贝尔特·范马尔维克。和此前几任主帅相比，范马尔维克并不起眼，球员时代，范马尔维克只是一个在小球队混迹的普通球员，职业成就少之又少。在1975年入选过米歇尔斯执教的荷兰队，可能是范马尔维克做球员时最值得大书特书的一段历史。

退役之后，范马尔维克转型成为教练，反倒执教了荷甲三大豪门球队之一的费耶诺德队，带领球队在2001—2002赛季的欧洲联盟杯决赛中击败了德国足球甲级联赛的多特蒙德队，从而获得欧洲联盟杯冠军。或许是这个原因，范马尔维克还曾执教多特蒙德队，但他在德国没有带领球队打出令人满意的成绩。

荷兰足协的这一人选，在初期引发了一些争议，但范马尔维克很快就用成绩打消了外界对他的质疑。

2010年世界杯预选赛，荷兰队的表现极其稳定。

在这个对手为挪威队、苏格兰队、马其顿队和冰岛队的小组中，荷兰队获得了全部8场比赛的胜利。不仅如此，在这8场比赛中，荷兰队仅仅丢了两球。

凭借这一成绩，荷兰队成为第一支获得2010年世界杯参赛资格的欧洲球队。

诚然，荷兰队在预选赛上的对手并不算强，无法给荷兰队带来足够的挑战，但通过这8场比赛，范马尔维克的战术思想得到了充分的体现。

　　和历史上那些崇尚进攻、踢法华丽的荷兰队教练相比，范马尔维克有着更多的实用主义思想，防守上的滴水不漏是范马尔维克更为看重的内容，所以荷兰队只丢了两球，但也正因为大量的人力都被布置在后场，进攻端的效率自然难言有多高。面对在预选赛中的对手，8场比赛打进17球的进攻能力其实并不算多好。

　　从那时开始，范马尔维克的保守战术就成为外界诟病的一点。

　　然而正是范马尔维克这样的保守战术，才为荷兰队带来了最不用担心的晋级正赛过程，也正是这样的保守战术，让范马尔维克极其需要进攻端的球星来为球队制造进球。

　　在2010年世界杯开幕前，范马尔维克既兴奋，又忧虑。兴奋的原因是荷兰队的两大球星——罗本和斯内德都代表各自的俱乐部闯进了欧冠的决赛，这说明罗本和斯内德的状态都非常好；而忧虑的地方就是在如此辛劳的一个赛季过后，范马尔维克其实不能确定罗本和斯内德到了世界杯期间，体能还能不能坚持足够长的时间。

　　范马尔维克的忧虑险些变成了现实。

　　就在6月4日荷兰队飞往南非（2010年世界杯举办地）之前，在荷兰队与匈牙利队的一场热身赛上，罗本腿部受伤。这引起了人们对罗本还能否参加世界杯的担忧，外界认为范马尔维克需要赶快征召一名罗本的替补球员,以备不时之需。

然而在第二天,范马尔维克就宣布他不会为罗本征召替补球员,当时范马尔维克表示:"我想把所有的机会都留给罗本,以此让他继续参加世界杯。"

这种来自主教练的绝对信任是球员最在乎的事情,于是在缺席了小组赛第一场对阵丹麦队的比赛之后,罗本在第二场对阵日本队的比赛中复出。

虽然没有罗本,但荷兰队依然以2:0的比分战胜了丹麦队。

不过,球队在进攻端的缺陷也很明显。荷兰队虽然打进两球,但第一球其实是丹麦队球员丹尼尔·阿格送上的乌龙球,直至比赛进行到第84分钟时,库伊特才打进了荷兰队球员在这一届世界杯上的首球。

第二场比赛对阵日本队,荷兰队以1:0的比分战胜了对手,斯内德打进了比赛中的唯一进球,这让荷兰队收获了两连胜,小组出线已经不是难题。

最后一场比赛对阵已经两连败的喀麦隆队,荷兰队依然打得相当稳健。在比赛进行到第36分钟时,范佩西打进了荷兰队的第一球,随后在下半场比赛中,喀麦隆队的当家射手萨穆埃尔·埃托奥罚进点球,攻破了荷兰队的球门。在比赛结束前,亨特拉尔打进了荷兰队的第二球，让荷兰队以三场比赛全胜的姿态进入了淘汰赛阶段。

这样稳定的表现，也使得罗本有了更多的时间来调整身体状态，从而在接下来的恶战中帮助荷兰队攻城拔寨。

淘汰赛阶段，荷兰队的第一个对手是斯洛伐克队。

在这场比赛中，罗本展现了他作为关键球员的基本素质，比赛开始仅仅18分钟，罗本就获得了一次非常适合他发挥的黄金机会。

在队友送出长传球之际，罗本用速度甩开对方的后卫，得球之后从右路向中路内切，通过摆脱获得射门空间之后，他用左脚打出了一脚既势大力沉，又角度刁钻的射门，球直接洞穿了斯洛伐克队的球门。

此后的时间里，荷兰队也没有给斯洛伐克队足以扳平比分的进攻机会，反倒是在比赛进行到第84分钟时，斯内德打进了荷兰队的第二球，终结了比赛的悬念。尽管斯洛伐克队在伤停补时阶段罚进点球，但也无法阻挡荷兰队晋级八强的步伐。

战胜斯洛伐克队之后，荷兰队迎来了更大的挑战。

1/4决赛，荷兰队的对手是巴西队。凭借罗比尼奥在比赛进行到第10分钟的进球，巴西队很快就建立了比分上的领先优势，但荷兰队始终很好地控制着比赛，在上半场就已经处于主动地位。到了下半场，荷兰队开始将场面上的优势转化为进球上的收获。比赛进行到第53分钟，斯内德帮助荷兰队扳平比分，15分钟之后，又是斯内德打进了荷兰队的第二球。

尽管斯内德是场上身高最矮的球员，但斯内德的头球帮助荷兰队以2：1的比分击败巴西队，球队进入到2010年世界杯四强的行列之中。

半决赛，荷兰队的对手是另一支来自南美洲的球队——乌拉圭队。

乌拉圭队在2010年世界杯上的表现也很出色，尤其是乌拉圭队队长迭戈·弗兰，他在此前的比赛中收获多个进球，在本场比赛中的表现也极为亮眼。在荷兰队凭借范布隆克霍斯特精彩的远射首开纪录之后，弗兰也用精彩的进球予以还击，在比赛进行到第41分钟时，两队以1：1战平。

下半场比赛，荷兰队依然是场上更为强大的一方，在3分钟内，斯内德和罗本各进一球，将比分优势扩大到了3：1，也基本确定了荷兰队进入世界杯决赛的结果。

最后时刻，乌拉圭队再进一球，比分被定格在了2：3上，荷兰队顺利获胜。

决赛于2010年7月11日在约翰内斯堡足球城体育场举行。

这是荷兰队历史上的第三场世界杯决赛，但荷兰队依然没有取胜的好运。

面对西班牙队的控球战术，荷兰队大部分时间都处于场面的下风，这使得比赛中出现了大量的犯规和黄牌，荷兰队是被判罚犯规和黄牌更多的一方。范马尔维克试图用这种方式来打断西班牙队的节奏，从而将比赛推入到自己所擅长的轨道上。

事实上，这种战术险些就取得了成功。在比赛进行到第62分钟时，罗本获得了荷兰队在本场比赛的最佳机会，斯内德为罗本送上传球，罗本获得了和西班牙队门将一对一的机会，但罗本的射门被伊戈尔·卡西利亚斯的脚挡出。

常规时间结束时，两支球队都没有取得进球，比赛进入了加时赛。在体能接近透支的情况下，荷兰队无力执行严密的防守战术，在比赛进行到第116分钟时，西班牙队球员安德雷斯·伊涅斯塔打进了绝杀球，西班牙队就此夺得了世界杯冠军，而荷兰队再次错失了加冕的良机。

自1978年之后，荷兰队再一次进入了世界杯决赛，尽管结果令人失望，但荷兰队还是在回国时获得了热烈的欢迎，荷兰队球迷很高兴看到荷兰队收获了一个不错的成绩。

然而，没有获得冠军，批评声自然接踵而至。荷兰媒体《新鹿特丹商业报》撰文称：荷兰队尽管在世界杯上打出了统治力，但从未在世界杯上打出一场"好球"，整支球队显得"丑陋""粗鲁"，相较于"做好自己"，荷兰队将更多的力气放在了"破坏对手"的环节上，这样的表现对荷兰来说是一种不好的宣传。

其中，在决赛场上，奈杰尔·德容脚踹西班牙队球员哈维·阿隆索胸口的犯规，被当作了批评范马尔维克战术的最好例子。

这就是范马尔维克在2010年世界杯之后的处境。

尽管这已经是荷兰队第三次无缘世界杯冠军，但外界对荷兰队的要求依然不会下降：荷兰队不仅要夺得冠军，还要踢出精彩的足球。

如果范马尔维克带队夺得冠军，类似的质疑声或许还会少一点，但只要这样的战术没有换来成功的结果，那么范马尔维克的日子就不会好过。

2012年欧洲杯，就是一个绝佳的例子。

2010年世界杯结束之后，作为亚军的荷兰队被视为2012年欧洲杯冠军的有力竞争者，荷兰队在预选赛上的成绩依然非常出色。

预选赛阶段，荷兰队和瑞典队、匈牙利队、芬兰队、摩尔多瓦队、圣马力诺队被分在一组。在10场比赛结束后，荷兰队取得了9胜1负的战绩，唯一的输球发生在已经确保晋级欧洲杯正赛后的最后一

荷兰队

场比赛，荷兰队在客场以2：3的比分输给了瑞典队。

2011年8月24日，荷兰队历史上首次超越西班牙队，在国际足联的世界排名中来到了第一名的位置上。

然而，为了平息外界的批评声，在荷兰队获得2012年欧洲杯正赛的资格之后，范马尔维克尝试修改自己的战术，在进攻端增加更多的比重，然而这影响了荷兰队的战术平衡。

欧洲杯之前的热身赛，荷兰队仅仅取得了3胜1平2负的战绩，以0：3的比分输给德国队和以1：2的比分输给保加利亚队的结果严重削弱了球队的士气，也让范马尔维克在战术上出现更多的摇摆，从而使球队内部出现了混乱。

2012年欧洲杯，本来被看作夺冠热门球队的荷兰队落入了对手为德国队、葡萄牙队和丹麦队的"死亡之组"。

这个小组内的每一场比赛都非常困难，但对于荷兰队来说，对阵丹麦队的第一场小组赛会相对简单，然而就在这场比赛中，荷兰队出现了问题。

比赛进行到第24分钟时，米歇尔·克隆-德利为丹麦队取得进球，这让收获了很多机会但始终无法将球打进的荷兰队陷入了更加被动的局面。尽管这场比赛有一些判罚上的争议，丹麦队在禁区内曾经有两次手球犯规的嫌疑，但裁判未予理会，荷兰队最终以0：1

的比分不敌对手。

输给了小组内实力最弱的球队，荷兰队接下来的比赛变得更加艰难。第二场比赛对阵德国队，荷兰队在上半场就被攻入两球，直至下半场比赛末段，范佩西才为荷兰队打入一球，但整体局势已经无法被更改，荷兰队继续着输球的节奏。

最后一场比赛对阵葡萄牙队，荷兰队终于先于对手取得了比分上的领先优势。范德法特的进球让荷兰队看到取胜的希望，但这种喜悦仅仅维持了17分钟，就被克里斯蒂亚诺·罗纳尔多（简称"C罗"）的扳平球而冲散。

下半场比赛，C罗在比赛进行到第74分钟时的进球让葡萄牙队取得了比赛的胜利，而荷兰队不得不面对小组赛的第三场失败。荷兰队历史上首次在单届国际大赛中输掉了小组赛的三场比赛，创造了最差的战绩。

荷兰队这样的表现迅速招致了外界的批评，就连克鲁伊夫都忍不住说上两句，批评荷兰队的球星组织进攻不佳，连最简单的传球都处理不到位。

在这样严厉的批评声中，范马尔维克选择辞职。

荷兰队

◆ "黄金一代"最后辉煌

经过近一周的遴选，荷兰足协找到了范加尔。

这是范加尔第二次执教荷兰队，和第一次未能带领荷兰队晋级2002年世界杯的时期相比，如今的范加尔有了更充足的经验。在这十余年间，范加尔在西班牙的巴萨队和德国的拜仁慕尼黑队都有过执教经历，还带领荷甲的阿尔克马尔队拿到了联赛冠军，打破了阿贾克斯队、埃因霍温队和费耶诺德队对荷甲冠军的垄断。

很显然，无论将当时的荷兰队定义为强队或是弱队，范加尔都拥有足够的知识和经验来管理这支球队。

这个时候的范加尔，的确是荷兰队最适合的教练人选。

2014年世界杯预选赛，荷兰队和罗马尼亚队、匈牙利队、土耳其队、爱沙尼亚队、安道尔队被分在一组。

除了在客场以2∶2的比分战平爱沙尼亚队这场比赛之外，荷兰队在剩余的9场比赛中获得了全胜的战绩，再一次轻松地晋级世界杯正赛阶段。

而且不仅战绩稳定，球队的表现也很出色。10场比赛，荷兰队总共打进了34球，丢球数则只有5个，范加尔让荷兰队在进攻和防守两方面都做得极为出色，其中的奥秘就是范加尔将荷兰队的阵形由传统的"433"阵形改为了"352阵形"。

这一阵形有助于荷兰队通过增加人手来弥补自己防守能力不足的问题。在中前场，因为斯内德、罗本和范佩西之间距离很近，彼此可以形成精妙的进攻配合，所以比赛场面看起来并不乏味，也不会像范马尔维克时期那样充斥着对抗和犯规的镜头。

荷兰队虽然在预选赛上获得了成功，但其在世界杯之前的热身赛中表现时好时坏，以及在2012年欧洲杯小组赛上3战3负的成绩，让外界对荷兰队的整体期望相对较低。

这种状态反而让荷兰队得以轻松上阵，哪怕荷兰队要在世界杯小组赛第一场就面对在2010年世界杯决赛中击败自己的西班牙队。

这场比赛，范加尔的荷兰队让世人惊讶。荷兰队非常聪明地让出控球权，哪怕在比赛进行到第27分钟时率先丢球，也没有更改比赛计划。同时荷兰队充分发挥了自己在进攻速度上的优势，从上半场末段就开始不断进球，范佩西和罗本都梅开二度，后卫球员斯特凡·德弗赖也收获一球，最终帮助荷兰队以5：1的大比分击溃西班牙队，成功复仇。

这场比赛让外界重新认识了荷兰队，荷兰队也用此后的表现证明了自己已非吴下阿蒙。

小组赛第二场对阵澳大利亚队,荷兰队的防守稍有松懈,这让荷兰队丢掉了两球,但荷兰队的进攻依然可以弥补这些失误。罗本和范佩西再次收获进球,小将孟菲斯·德佩也斩获一球,帮助荷兰队以3∶2的比分赢下了第二场比赛。

最后一场小组赛对阵智利队,荷兰队打得相当稳健,范加尔在阵容上做出了一些调整,即便如此荷兰队也没有失球。勒罗伊·费尔和孟菲斯·德佩的进球帮助荷兰队以2∶0的比分打败了对手,也拿下了小组赛的全部胜利,荷兰队以小组第一的成绩晋级淘汰赛。

小组赛阶段的强势,让荷兰队球迷无限期待荷兰队在淘汰赛的表现,然而在三场比赛过后,荷兰队绕不开的一大问题开始浮现。

2014年,罗本、斯内德、范佩西都已经年过30,范佩西甚至已经到了31岁,哪怕是替补球员亨特拉尔、库伊特等人,年龄也已经超过30岁了。

虽然以20岁的德佩为代表的年轻球员表现也不错,但他们还无法在这种级别的比赛中发挥足够的作用。在20岁和30岁之间,荷兰队缺乏有足够实力的球员。

进入淘汰赛,荷兰队的状态开始出现下滑。1/8决赛对阵墨西哥队,荷兰队率先丢球,一直以0∶1的比分落后,直到比赛第88分钟，荷兰队连进两球，艰难晋级1/4决赛。

1/4决赛，荷兰队与哥斯达黎加队相逢。两支球队在整整120分钟内都没有攻破对方的球门。在点球大战即将开始之前，范加尔用更换门将的方式，给哥斯达黎加队带来了极大的压力。

替补门将克鲁尔扑出了哥斯达黎加队的两个点球，帮助荷兰队进入半决赛。

到了2014年世界杯的第六场比赛，荷兰队已经成了强弩之末。

荷兰队再也无法同时在进攻和防守两端有出色表现，全场比赛都被阿根廷队压制，凭借防守端的表现才换来了第二场点球大战的机会，然而这一次荷兰队没有笑到最后。

四轮点球中，荷兰队罚丢了两个，阿根廷队则全部罚中，荷兰队倒在2014年世界杯决赛的门外。

在季军赛上，荷兰队以3∶0的比分击败巴西队，范佩西、戴利·布林德和乔尔吉尼奥·维纳尔杜姆各进一球，帮助荷兰队获得季军，这也是荷兰队历史上首次获得世界杯的第三名。

比赛结束之后，范加尔辞去了荷兰队主帅的职务，这一位置接下来将由希丁克占据，和范加尔一样，希丁克也是第二次成为荷兰队主帅。

然而，这并不是一个接手荷兰队的好时机。罗本等球星已经进

荷兰队

入职业生涯的暮年，新生代的德佩等人还不成熟，2014年世界杯小组赛和淘汰赛表现的差距，已经说明荷兰队出现了严重的青黄不接的问题。

这一问题，在接下来的2016年欧洲杯开始爆发。

希丁克执教的第一场比赛，荷兰队就在客场以0∶2的比分输给了意大利队，这就已经是非常明确的信号。

在2016年欧洲杯预选赛上，荷兰队和捷克队、哈萨克斯坦队、冰岛队、拉脱维亚队、土耳其队被分在一组。第一场比赛，荷兰队就以1∶2的比分输给了捷克队，此后的5场比赛，荷兰队仅仅取得了3胜1平1负的战绩。

这一成绩，以及荷兰队在场上的表现，让荷兰队球迷极度不满。于是在2015年6月30日，希丁克在压力下选择辞职，来不及寻找新帅的荷兰足协只好将球队交给助理教练丹尼·布林德，由其临时带队，完成欧洲杯预选赛剩余的4场比赛。

主教练的更替，并没有改善荷兰队的问题，荷兰队分别输给了冰岛队、土耳其队和捷克队，仅仅在客场以2∶1的比分战胜了哈萨克斯坦队，拿到了整个预选赛阶段的第4场胜利。

最终，荷兰队以4胜1负5平的战绩，排名小组第四，在2016年欧洲杯扩大规模、预选赛第三名都可以晋级正赛的情况下，荷兰队未能晋级，这是其自2002年以来再次无缘国际大赛。

荷兰队到底出了什么事？荷兰媒体《电讯报》称：荷兰队迷失了自我，总以为自己打得还不错，从没正视过对手。比态度轻浮更糟糕的是球队内部的气氛，球员再度发生内讧，据媒体报道，新星德佩和老将范佩西发生冲突。在这支"志得意满"的荷兰队中，主帅希丁克既没能止住成绩的颓势，也没能让球员团结一致。

"志得意满"，这是荷兰媒体在荷兰队出局之前就给出的形容词。罗本、斯内德、范佩西、亨特拉尔，这些功成名就的老将早已"荣辱虚幻"，却依然把持着球队的主力位置。斯内德说："我才31岁,我还会征战2018年世界杯。"谁能想象到，在2018年的俄罗斯，荷兰队的攻击线由34岁的斯内德、罗本，35岁的范佩西、亨特拉尔组成。可能说得出名号的荷兰队球员,真的还是十几年前那批人。

从2002年到2016年，短短的14年，荷兰队在天堂和地狱间走了个来回。

然而，2016年的失败和2002年的失败是不可同日而语的。

2002年的荷兰队错过国际大赛，源自球队内部的混乱，而且在失败之后，还有罗本、斯内德、范佩西这样的球员给予荷兰队球迷希望，这一批球员也确实在这14年间做到了极致——两次闯进世界杯四强，但就像历史上的前辈一样，他们没能帮助荷兰队夺得梦想

荷兰队

中的世界杯冠军。

这一次，荷兰队看不到希望，看不到未来，前辈留下来的旗帜也不知道应该交到谁的手上，这是最不缺乏足球天才的荷兰队所面临的棘手情况。

这一情况，还将在之后继续困扰荷兰队。

第六章

郁金香永不凋零

这支球队还会源源不断地出现潇洒飘逸的足球天才，而这些天才也会继续着这种谁也不服谁的状态。

——引语

荷兰队

◆ 中途梦碎无缘2018

虽然布林德没能"挽狂澜于既倒，扶大厦之将倾"，但荷兰足协也没有追究他的责任。在没有找到合适继任者的情况下，在欧洲杯预选赛结束之后，布林德继续带队。

布林德的任务是不要让荷兰队连续缺席两届国际大赛，但对于当时人才贫乏的荷兰队来说，这同样不是一个简单的任务。

2018年世界杯预选赛，荷兰队和法国队、瑞典队、保加利亚队、卢森堡队、白俄罗斯队被分在一组。前5场比赛，荷兰队的战绩仅为2胜1平2负。

面对球队的糟糕表现，主教练布林德却一度拒绝辞职，但在2017年3月，在荷兰队以0：2的比分输给保加利亚队后，布林德被解雇。

继任者依然是老熟人——埃德沃卡特，而效果却不尽如人意。

换帅之后，荷兰队的表现有所提升，在世界杯预选赛的后5场比赛中取得了4胜1负的战绩，和前5场比赛的成绩相加之后，荷兰队与排在小组第二名的瑞典队积分相同。

然而瑞典队打进了比荷兰队更多的进球，丢球数也比荷兰队更少，瑞典队以净胜球的优势力压荷兰队，排在小组第三名的荷兰队未能获得2018年世界杯的参赛资格，连续缺席两届国际大赛的糟糕结果还是未能避免。

2017年11月，埃德沃卡特选择辞职；2018年2月，罗纳德·科曼成为荷兰队新任主帅。作为荷兰队夺得1988年欧洲杯冠军的功勋球员，在罗本、斯内德、范佩西等人已经全部退出荷兰队的情况下，科曼被赋予了重建荷兰队的重要任务。

而在2018年，科曼等到了一个让年轻球员成长的绝佳机会。

2018年，一项全新的赛事——欧洲国家联赛被创建。

这项赛事被创建之初，由于其蕴含的友谊赛性质，大部分欧洲国家队都没有认真对待，而科曼则在这项赛事上大胆使用年轻球员。

弗伦基·德容、登泽尔·邓弗里斯都在科曼的手下完成了荷兰队的首秀。除此之外，在2018年世界杯预选赛上已经亮相的马泰斯·德里赫特和2015年就入选过荷兰队的维吉尔·范戴克也成为科曼手下的主力球员。

于是，在2018—2019赛季的欧洲国家联赛上，一支全新的荷兰队应运而生。

荷兰队

　　小组赛阶段，荷兰队和法国队、德国队被分在一组。

　　首场比赛，荷兰队以1∶2的比分不敌2018年世界杯冠军法国队，这个结果并不令人意外。第二场比赛，荷兰队却以3∶0的比分击败了德国队。

　　在比赛中，范戴克为荷兰队打进第一球，在比赛临近结束时，孟菲斯·德佩和维纳尔杜姆各进一球，给已经在2018年世界杯上受挫的德国队又一次重重的打击。

　　虽然这场比赛的胜利有一些偶然性，德国队在2018年世界杯就暴露了实力下滑的问题，但这场比赛的胜利依然给荷兰队带来了极大的振奋。因为一方面这是荷兰队历史上对阵德国队比赛的最大比分的胜利，另一方面，也是荷兰队16年来对阵德国队的首场胜利。

　　如果说这场比赛没有太多的说服力，那么第三场比赛，荷兰队在主场2∶0击败法国队，就让荷兰队着实震惊了世人。

　　维纳尔杜姆和孟菲斯·德佩的进球，彻底点燃了费耶诺德体育场内的荷兰队球迷。一支没能进入2018年世界杯的球队战胜了2018年世界杯冠军球队，这个结果超出了大多数人的预料。

　　最后一场比赛，客场作战的荷兰队一度在比赛中陷入两球落后的困境。德国队凭借蒂莫·维尔纳和勒鲁瓦·萨内的进球似乎将荷兰队打回了原形，但就在比赛临近结束时，昆西·普罗梅斯和范戴克各进一球，让荷兰队赶在比赛结束前扳平了比分。

凭借这场通过顽强拼搏争得的平局，荷兰队以小组第一名的成绩晋级到了这届欧洲国家联赛的淘汰赛阶段。

2019年夏天，2018—2019赛季欧洲国家联赛的淘汰赛阶段正式举行。

不管各支球队此前对这项赛事有什么样的看法，奖杯在前，没有人会愿意轻易放弃，所以在半决赛上，荷兰队的表现依然相当突出。

面对在上半场通过点球获得领先优势的英格兰队，荷兰队在下半场掀起了攻势。在比赛进行到第73分钟时，德里赫特扳平了比分，将比赛拖入了加时赛。而在加时赛中，荷兰队先是制造了凯尔·沃克的乌龙球，随后普罗梅斯打进了荷兰队的第三球，帮助荷兰队闯进了决赛。

决赛场上，荷兰队的对手是C罗率领的葡萄牙队。

葡萄牙队在半决赛中凭借C罗上演的帽子戏法淘汰了瑞士队，所以荷兰队的首要任务就是限制C罗的发挥，这一点荷兰队顺利地做到了，但荷兰队没能防住葡萄牙队的其他球员。在比赛进行到第60分钟时，贡萨洛·格德斯为葡萄牙队打入一球，最终，葡萄牙队以1∶0的比分击败了荷兰队。

荷兰队

　　尽管科曼的球队未能用一座冠军奖杯帮助队内的年轻人更好地成长，但荷兰队证明了自己可以与欧洲那些顶尖的球队一同竞争，这就是荷兰队在这届赛事上的最大收获。

　　这一点，最终也体现在了重要的2020欧洲杯预选赛上。

　　预选赛阶段，荷兰队与德国队、北爱尔兰队、白俄罗斯队、爱沙尼亚队被分在一组。虽然在第二场比赛，荷兰队在主场2：3不敌德国队，让德国队带走了一场胜利，但在第三场比赛，荷兰队在客场成功复仇，以4：2的比分击败了德国队，成功弥补了主场输球的损失，也将两支球队拉回到了同一起跑线。

　　可惜的是，荷兰队在第七场比赛对阵北爱尔兰队时未能取胜，只收获了一场0：0的平局，这让荷兰队排在了小组第二名，但也成功晋级到了欧洲杯正赛，重归国际大赛舞台。

　　然而在2020年，荷兰队发生了重大变故。

　　受到新冠疫情的影响，欧洲杯被推迟一年举行，而在西班牙，巴萨队也陷入了危机。巴萨队希望科曼能前来执教球队，而在科曼和荷兰足协的合同中，刚好有一条"巴塞罗那条款"：只要巴萨队发出邀请，科曼就有权力无条件离任。

　　2020年8月18日，科曼选择离开荷兰队，前往巴萨队执教，面对复赛后率先开打的2020—2021赛季欧洲国家联赛，荷兰足协任命助理教练德怀特·洛德维格斯临时带队，在带领荷兰队以1：0的比分小胜波兰队、以0：1的比分输给意大利队之后，2020年9月23日，又一位荷兰队的功勋球员弗兰克·德波尔成为荷兰队新任主帅。

然而，德波尔在荷兰队的开局并不顺利。

在欧洲国家联赛，德波尔的荷兰队先是在客场以0：0的比分战平波斯尼亚和黑塞哥维那队，随后又在客场与意大利队战成1：1的平局。胜利在11月才姗姗来迟，荷兰队在主场以3：1的比分击败波斯尼亚和黑塞哥维那队，随后在客场以2：1的比分击败了波兰队。

3胜2平1负的战绩还算可以，但不足以帮助荷兰队排名小组第一，所以这一届欧洲国家联赛，荷兰队未能进入淘汰赛阶段。

这一点令人遗憾，但对于德波尔的球队来说，最重要的比赛是即将到来的欧洲杯。由于这一届欧洲杯采用无主办国的巡回赛模式，阿姆斯特丹位列11个举办城市之一，所以荷兰队等同于拥有主场优势，这对荷兰队来说无疑是一个大大的利好。

德波尔的球队利用好了这个难得的优势，但也仅限于荷兰队在主场比赛的时候。

2020欧洲杯，荷兰队在小组赛阶段和奥地利队、乌克兰队、北马其顿队被分在一组。

首场比赛，荷兰队在主场球迷的注视下和乌克兰队上演了进球大战，所有的进球都发生在下半场。邓弗里斯在比赛进行到第85分钟时的进球，让荷兰队最终以3∶2的比分战胜了乌克兰队，惊险地获得了第一场比赛的胜利。

此后的两场比赛，荷兰队的对手都相对较弱，所以荷兰队分别以2∶0和3∶0的比分战胜了奥地利队和北马其顿队，以小组赛三连胜的战绩晋级十六强。

可惜的是，荷兰队在淘汰赛没能继续享受主场优势，荷兰队需要赶赴匈牙利布达佩斯的普斯卡什体育场，在那里和捷克队进行比赛。

从实力角度来说，这场比赛的难度并不是很大，然而荷兰队在这场比赛的表现相当糟糕。

比赛进行到第55分钟时，德里赫特在禁区内不慎手球，被裁判判罚红牌，荷兰队面临至少35分钟少打一人的局面。结果自然可以预料，在比赛进行到第68分钟时，捷克队取得了领先优势，并在比赛进行到第80分钟时将比分扩大为2∶0，这也是全场比赛最终的比分。

红牌当然是这场比赛的重要转折点，但在前55分钟，荷兰队没有一次将射门命中在球门范围之内，这同样是让荷兰队球迷无法接受的表现。于是在荷兰队被淘汰之后，铺天盖地的批评声向德波尔袭来。

两天之后，德波尔选择辞职。

◆ 征程继续再续前缘

如果科曼没有离任，荷兰队有机会打出更好的表现，但这一幕并没有发生在德波尔的率领下，所以荷兰足协认为有必要选择一位有丰富经验的教练，弥补这一环节的不足。

毫无疑问，范加尔是当时最好的选择。

于是，范加尔第三次执教荷兰队，立刻就让这支球队打出了应有的水平。

2022年世界杯预选赛的前三场比赛，在欧洲杯开始之前就已结束。德波尔为荷兰队打下的基础是2胜1负，范加尔接手球队之后，面对土耳其队、挪威队、黑山队、拉脱维亚队和直布罗陀队这些对手，范加尔给出的成绩单是5胜2平。

然而，就在荷兰队备战2022—2023赛季欧洲国家联赛的时候，荷兰队再传噩耗。

2022年4月，范加尔在采访中透露，自己罹患前列腺癌，在世界杯结束后将卸任荷兰队的主帅职务。

荷兰队

　　虽然治疗情况良好，但范加尔患病还是给荷兰队涂上了一层悲伤的底色，球队上下都希望能在接下来的欧洲国家联赛和世界杯中打出好成绩，从而给范加尔送上最好的鼓励。

　　荷兰队也的确做到了这一点。欧洲国家联赛，荷兰队和比利时队、波兰队、威尔士队被分在一组，6场比赛中，荷兰队取得了5胜1平的不败战绩，两个回合都击败了比利时队，以小组第一的身份晋级淘汰赛。

　　在2022年世界杯上，荷兰队在小组赛阶段和塞内加尔队、厄瓜多尔队、卡塔尔队被分在一组。首场比赛，荷兰队以2∶0的比分击败了塞内加尔队；第二场比赛，荷兰队则以1∶1的比分与厄瓜多尔队战平；最后一场比赛对阵东道主球队，荷兰队又以一个2∶0的比分稳健地击败了卡塔尔队。

　　3场比赛，荷兰队取得了2胜1平的战绩，科迪·加克波为荷兰队打进了3球，是荷兰队从小组中出线的最大功臣。

　　进入淘汰赛，荷兰队的第一个对手是美国队。

　　到了这个阶段，范加尔展现了其作为老帅经验丰富的一面，果断将球队的重心改为以防守为主，从而尽量使自己的球队立于不败之地。

　　在这一场比赛中，荷兰队早早就收获进球，最终以3∶1的比分轻松战胜了美国队，挺进下一轮。

1/4决赛，荷兰队的对手是利昂内尔·梅西所领衔的阿根廷队。

范加尔很清楚自己的球队将会承受什么样的压力，所以在赛前果断发动心理战，试图干扰阿根廷队球员的心态。可惜的是，这一"盘外招"没有收获效果，荷兰队在比赛中一度陷入了两球落后的局面，就在这个时候，范加尔换上身材高大的替补前锋沃特·韦霍斯特，韦霍斯特在比赛最后时段连进两球，将比赛拖入了加时赛。

两队在加时赛中都没能斩获进球，所以又到了残酷的点球大战环节。两支球队在巨大的压力下都有人罚丢，但荷兰队罚丢的球员比阿根廷队多一人，于是五轮点球之后，荷兰队被淘汰出局。

因为双方的竞争气氛，这场比赛在赛后也引发了很多的争议，但范加尔早已置身事外，留下这次执教时期常规时间20场不败的纪录之后，辞去了荷兰队主教练的职务。

由于范加尔早早就透露了自己的未来计划，荷兰队很早就做好了预案。2022年世界杯结束之后，罗纳德·科曼接手荷兰队，这也是其第二次执教荷兰队。

然而和2018年第一次执教时相比，如今的科曼对荷兰队已经没有当年炙热的情感，自然也很难再创造奇迹。

2024年欧洲杯预选赛，荷兰队和法国队、希腊队、爱尔兰队、

荷兰队

直布罗陀队被分在一组。8场比赛，荷兰队取得了6胜2负的战绩，这个成绩使得荷兰队以小组第二的名次晋级欧洲杯正赛，但输掉的两场比赛，荷兰队都是输给了法国队。

而在欧洲国家联赛的半决赛上，荷兰队和克罗地亚队在90分钟内打成了2：2的平局。唐耶尔·马伦首开纪录，克罗地亚队随后打进两球，一度将比分反超，就在荷兰队一度要被淘汰的时候，诺亚·朗在最后时刻扳平比分，将比赛拖入了加时赛。

加时赛上，克罗地亚队打进两球，成为赢家，从而以4：2的比分击败了荷兰队。在随后的季军赛上，荷兰队以2：3不敌意大利队，以第四名的成绩结束了2022—2023赛季欧洲国家联赛的征程。

很显然，科曼的荷兰队已经趋向平庸。

和2018年相比，在孟菲斯·德佩、范戴克等人变成老将的情况下，即便还有加克波这样的年轻球员，也没有人会奢望荷兰队能在2024年打出多么出色的成绩，更不用说是冲击欧洲杯冠军了。

科曼在最不该抛弃荷兰队的时候，做出了错误的选择，如今回头，荷兰队却很难在未来取得好成绩，甚至爆发内讧的可能性都比夺得冠军要高。

自20世纪70年代以来，这支球队从来不缺少优秀的球员和优秀的教练，但正因为大家都很优秀，所以大家彼此都不服气。荷兰队每每能够取得好成绩，都需要极其优秀的球员或极其优秀的教练"镇住场子"，整支球队才能劲往一处使，心往一处想。

很显然，科曼已经错失了这个机会，所以荷兰队的未来难料，但有一点不会发生任何改变：

这支球队还会源源不断地出现潇洒飘逸的足球天才，而这些天才也会继续着这种谁也不服谁的状态。

这就是荷兰队。

荷兰队不具备德国队的意志、法国队的运气，这支球队也不会像意大利队、阿根廷队那样死缠烂打。荷兰队拥有太多的天才球员，然而天妒英才，不少才华横溢、天赋异禀的球员被伤病和场外生活所困扰、折磨……

荷兰队被称为"无冕之王"，这是外界对这支球队实力的认可，同时也包含着无奈和遗憾。1974年、1978年、2010年三届世界杯亚军，冠军似乎触手可及，但却是一步之遥。虽然曾经在1988年欧洲杯上称雄，并且得到无数球迷的认可，但荣誉室里缺少了大力神杯，荷兰队还是只能一直扮演着充满悲情的配角。

细细品味，从20世纪70年代至今，每隔10年左右，荷兰队就会创造出永载世界足坛史册的经典时刻。从2010年世界杯决赛荷兰队与西班牙队的对决到现在，已经又过了十余年，2024年欧洲杯，荷

荷兰队

兰又会给世界足坛留下什么样的经典时刻?

　　郁金香永不凋零,荷兰队永远都是世界杯足坛不可被忽视的存在。

经典瞬间

对于任何一支球队来说，在浩瀚的历史长河中，都会诞生很多的经典瞬间。这些瞬间，是球迷津津乐道的话题，也是球星绽放光彩的时刻。定格精彩的进球、争议的判罚、完美的配合、顽强的防守、伟大的扑救……珍藏这些难以忘怀的瞬间。

鱼跃冲顶

　　2014年世界杯小组赛，荷兰队对阵西班牙队，上届世界杯的冠、亚军重逢，荷兰队上演了完美复仇。在先丢一球的情况下，荷兰队展开反击，第44分钟，戴利·布林德送出长传球，范佩西以充满想象力的鱼跃冲顶完成超远距离的头球吊射，帮助荷兰队扳平了比分。进球后的范佩西兴奋地跑到场边与主帅路易斯·范加尔击掌庆祝，这一足以载入史册的绝妙进球，也成为当届世界杯最经典的瞬间之一。最终，荷兰队以5：1击溃西班牙队。

英雄泪

2010年世界杯决赛，荷兰队对阵西班牙队。斯内德精彩绝伦的传球，为罗本制造了单刀球的机会，可惜后者的打门被卡西利亚斯挡出。最终，西班牙队依靠伊涅斯塔的绝杀球，捧起了大力神杯，"无冕之王"再次收获亚军。赛后，斯内德落寞地靠在绿茵场边，流下了伤心的泪水，这一幕也成为世界杯上的经典画面。

"闪电造点"

　　1974年世界杯决赛，荷兰队对阵联邦德国队。比赛开始后，荷兰队用连续的传递掌控着场上的局面，随后克鲁伊夫从中路带球突破一路杀入禁区，最终被联邦德国队的队员铲倒在地，裁判果断判罚点球。内斯肯斯主罚点球一击即中，帮助荷兰队取得领先。联邦德国队更是在还没有碰到球的情况下，就被荷兰队攻破球门。虽然这场比赛最终以荷兰队遭逆转而告终，但克鲁伊夫依旧缔造了世界杯赛场上的经典画面。

"优雅绝杀"

　　1998年世界杯1/4决赛，荷兰队对阵阿根廷队，比赛临近结束，双方的比分仍是1∶1。第90分钟，博格坎普接到弗兰克·德波尔的后场长传球，优雅地用右脚完成凌空卸球，并顺势用右脚一扣过掉对手。随后，博格坎普立刻用右脚外脚背完成破门，一系列超高难度的动作一气呵成，尽显优雅。凭借博格坎普的"优雅绝杀"，荷兰队以2∶1淘汰阿根廷队，挺进1998年世界杯四强。

"君子动口不动手"

　　1990年世界杯1/8决赛，荷兰队迎战联邦德国队。上半场伊始，荷兰队的里杰卡尔德就和联邦德国队鲁迪·沃勒尔发生争吵，两人喋喋不休，最终一人获得了一张黄牌。随后，在一次争抢过程中，沃勒尔撞倒了荷兰队的门将，里杰卡尔德再次和沃勒尔发生冲突，裁判此时忍无可忍，出示红牌将两人双双红牌罚出场外。此时的里杰卡尔德仍然怒气未消，他冲着沃勒尔吐了一口口水，后者愣了一下才反应过来。这场冲突以及冲突结束的方式，成为世界杯历史上的经典瞬间。

"飞侠"复仇

  2014年世界杯小组赛，荷兰队对阵西班牙队。面对4年前在世界杯决赛中击败过自己的对手，荷兰队实现了酣畅淋漓的复仇，此役罗本打入两球，帮助球队以5∶1取得大胜。第80分钟，罗本获得一次单刀球机会，他用速度"生吃"塞尔吉奥·拉莫斯，随后晃过伊戈尔·卡西利亚斯，一人戏耍西班牙队的整条防线，最终轻松破门。4年前的世界杯决赛，罗本错失单刀球，造成职业生涯最大的遗憾。4年之后他面对相似的机会，用天神下凡的表现证明了自己。

Brasília

2014

FIFA WORLD CUP
Brasil

2014 FIFA Wo

世界杯季军

2014年世界杯季军赛，荷兰队3∶0完胜巴西队，范佩西开场3分钟完成破门，荷兰队连续两届世界杯取得前三名的成绩。本届世界杯结束之后，罗本、斯内德、范佩西领衔的"黄金一代"开始进入职业生涯的末年，荷兰队也进入到一个新的低谷。

一战成名

2014年世界杯1/4决赛，荷兰队和哥斯达黎加队在120分钟内互交白卷，加时赛最后时刻，范加尔奉上神来之笔，他用替补门将蒂姆·克鲁尔换下贾斯珀·西莱森。在点球大战中，克鲁尔的发挥堪称神勇，他5次扑救全部猜对了哥斯达黎加队队员的射门方向，并且两度扑出点球，最终帮助荷兰队成功晋级半决赛。在荷兰队的历史上，点球大战憾负的场景无数次再现，但这一次一战成名的克鲁尔，让荷兰队罕见地成为点球大战的赢家。

零度角破门

　　1988年欧洲杯决赛，荷兰队对阵苏联队，荷兰队在上半场由古利特先下一城。下半场第54分钟，阿诺尔德·穆赫伦在左路传中，球直接飞到了苏联队的小禁区右侧，此时在后点等待的范巴斯滕的射门角度已经非常有限。电光石火之间，他选择直接凌空抽射，球划出一道美妙的弧线飞进了苏联队的球门。范巴斯滕用一脚神奇的射门，定格了欧洲杯赛场上的经典瞬间，也帮助荷兰队锁定胜局。

星光璀璨

姓名：维吉尔·范戴克

出生日期：1991年7月8日

主要球衣号码：15号、13号、3号、4号

国家队数据：66场7球

第一中卫

2019年，是范戴克收获颇丰的一年。在利物浦队，他帮助球队时隔14年重新夺得欧冠冠军；而在荷兰队，范戴克帮助球队夺得首届欧洲国家联赛（简称"欧国联"）亚军，自己则入选了淘汰赛阶段的最佳阵容。凭借在俱乐部和国家队的良好表现，范戴克获得了2019年度最佳球员的称号，而这也是对其被看作"世界第一中卫"的证明。

姓名：弗兰克·里杰卡尔德

出生日期：1962年9月30日

主要球衣号码：15号、2号、4号、17号、

10号、5号、7号、8号、6号、3号

国家队数据：73场10球

"黑天鹅"

　　里杰卡尔德是荷兰"三剑客"之一，他能够扮演中后场的多个角色。他的球风并不粗野，反而非常优雅，这使得他获得了"黑天鹅"这个绰号。1988年欧洲杯，荷兰队终于结束了自己在国际大赛没有冠军入账的历史，其中的功臣之一就是里杰卡尔德。那届欧洲杯，里杰卡尔德坐镇后卫线，他凭借着强壮的身体、敏捷的意识，为球队立下汗马功劳。

姓名：鲁德·范尼斯特鲁伊

出生日期：1976年7月1日

主要球衣号码：12号、10号、9号

国家队数据：70场35球

禁区之王

　　如果让他进入对手的禁区内，那么对手就会受到惩罚。他就是"禁区之王"鲁德·范尼斯特鲁伊。2004年欧洲杯，就在荷兰队即将在首场小组赛输给德国队的时候，范尼斯特鲁伊在小禁区边缘倚住对手后卫，完成了一个精彩进球，帮助荷兰队获得一场平局。这个进球，俨然就是范尼斯特鲁伊"禁区之王"这个绰号的最佳写照。2004年欧洲杯是范尼斯特鲁伊首次代表荷兰队在国际大赛中亮相，整届赛事，范尼斯特鲁伊出场5次，打进4球，帮助荷兰队打进四强。这是范尼斯特鲁伊在荷兰队最佳表现，此后的他在荷兰队没有受到像俱乐部那般的重视，但"禁区之王"的绰号早已深入人心。

姓名：埃德温·范德萨

出生日期：1970年10月29日

主要球衣号码：13号、1号

国家队数据：130场

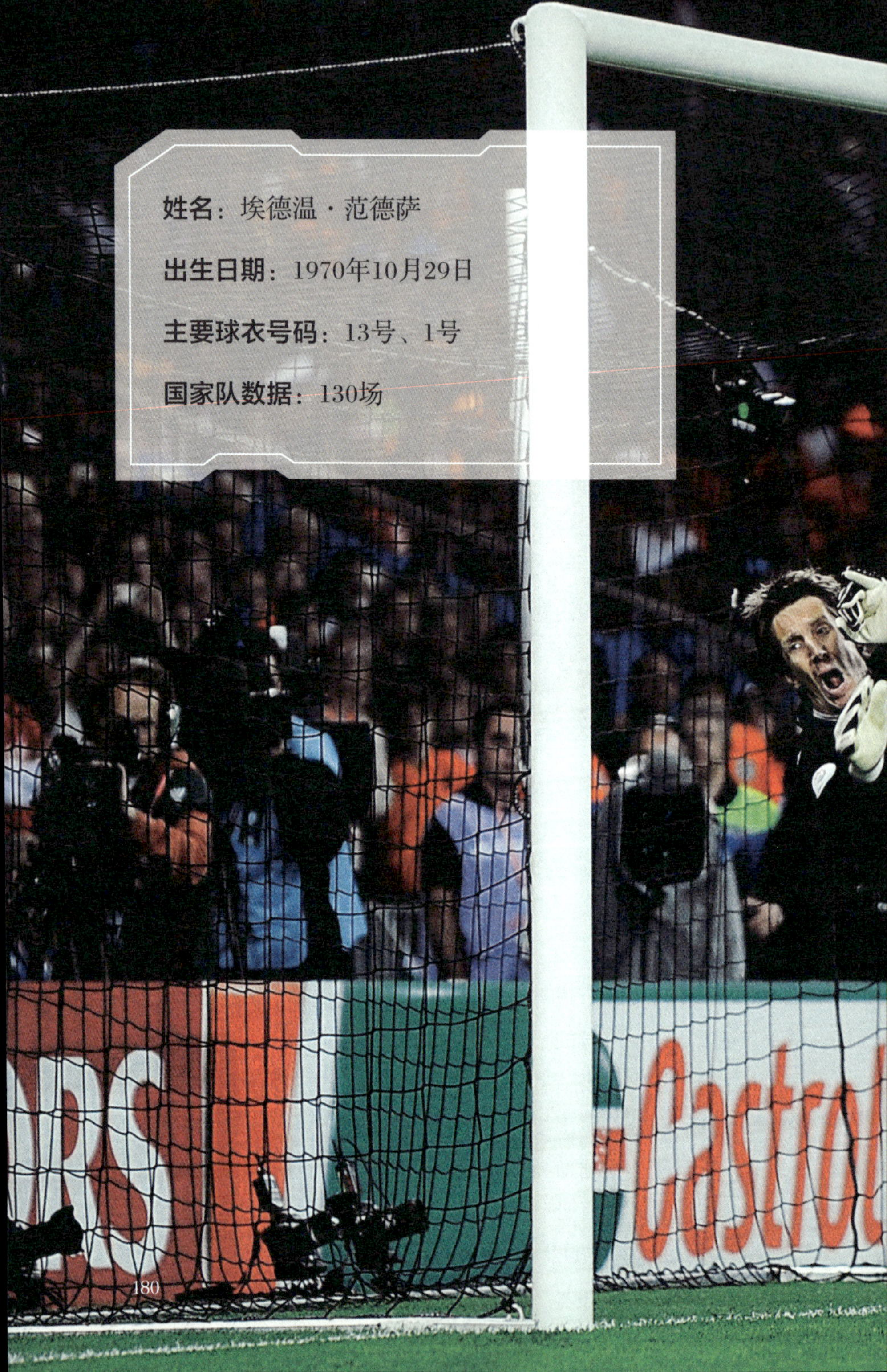

"门神"

2004年欧洲杯1/4决赛，荷兰队与瑞典队120分钟内互交白卷，比赛进入点球大战。荷兰队门将范德萨扑出了埃里克·奥洛夫·梅尔贝里的点球，帮助荷兰队以5：4的比分晋级半决赛，这是范德萨第一次帮助荷兰队在国际大赛的点球大战中战胜对手。当时的范德萨即将年满34岁，虽然他在阿贾克斯队早早成名，但其职业生涯发展得并不顺，闯荡意甲失败，委身于英格兰的富勒姆队，他只能在荷兰队展示自己的能力。2005年加盟曼彻斯特联队后，范德萨终于找到了一片天地，也用欧冠冠军证明了自己。

姓名：帕特里克·克鲁伊维特

出生日期：1976年7月1日

主要球衣号码：14号、10号、9号

国家队数据：79场40球

天才少年

　　1998年世界杯，22岁的克鲁伊维特出尽风头。小组赛首战，他因肘击对手被判罚红牌，还被国际足联禁赛两场；1/4决赛，克鲁伊维特解禁复出，他只用了12分钟便取得进球，帮助荷兰队击败阿根廷队。半决赛遭遇巴西队，克鲁伊维特在比赛最后时刻扳平比分，可惜的是，荷兰队在点球大战不敌对手，止步于此。如果克鲁伊维特没有早早地退出荷兰队，他的成就无疑会更高。仅在为荷兰队出战的79场比赛里，克鲁伊维特就打进40球，这样的表现让很多荷兰队球迷至今仍在怀念这个天才少年。

姓名：约翰·内斯肯斯

出生日期：1951年9月15日

主要球衣号码：4号、7号、13号、6号

国家队数据：49场17球

最佳帮手

　　1974年世界杯，荷兰队进球最多的球员并不是声名显赫的克鲁伊夫，而是他在球场上的好帮手——约翰·内斯肯斯。在荷兰队的战术中，当克鲁伊夫吸引了对手的防守之后，内斯肯斯就可以通过后插上的方式捕捉到对手的空当，这一战术屡建奇功。在1974年世界杯决赛，内斯肯斯帮助荷兰队首开纪录，可惜的是荷兰队最终还是输给了联邦德国队，无缘冠军，不过内斯肯斯的表现已经足够精彩。

姓名：罗布·伦森布林克

出生日期：1947年7月3日

主要球衣号码：15号、11号、12号

国家队数据：46场14球

只差半步

　　1978年世界杯决赛，在距离比赛结束还剩9分钟的时候，伦森布林克的射门被球门立柱挡出。如果此球打进，荷兰队几乎就将获得世界杯冠军，从而改写自己"无冕之王"的称号。但是运气并不眷顾荷兰队以及伦森布林克。即便如此，伦森布林克在1978年世界杯的表现依然出色，打进5球的他排在射手榜次席，是荷兰队进军决赛的功臣。

姓名：弗伦基·德容

出生日期：1997年5月12日

主要球衣号码：7号、21号

国家队数据：54场2球

中场核心

  2018—2019赛季欧洲国家联赛决赛，年轻的德容首发出场，虽然荷兰队不敌葡萄牙队，但德容依然被评为当届赛事的最佳青年球员，并且入选了淘汰赛阶段的最佳阵容。自2014年后，荷兰队就陷入了青黄不接的困境之中，幸好在4年之后，以弗伦基·德容为代表的一代年轻优秀球员涌现出来，将荷兰队从泥潭中解救出来。但欧洲国家联赛亚军并不是荷兰队应有的目标，所以德容和队友仍然需要继续努力。

姓名：罗纳德·科曼

出生日期：1963年3月21日

主要球衣号码：13号、8号、

5号、4号

国家队数据：78场14球

"重炮手"

  1988年欧洲杯半决赛，就在荷兰队即将输给联邦德国队的时候，荷兰队获得了点球良机，这个时候挺身而出、承担责任的球员，不是前锋，也不是中场，而是作为后卫的罗纳德·科曼，他一蹴而就扳平比分。荷兰队进军决赛，夺得冠军，罗纳德·科曼也入选了当届赛事的最佳阵容。对于罗纳德·科曼来说，半决赛中的点球毫无难度，因为在其职业生涯里，他凭借代表性的重炮轰门，多次利用定位球破门，这是他的绝技之一。出场78次，攻入14球，罗纳德·科曼在自己的荷兰队生涯里表现得相当出色。

姓名：孟菲斯·德佩

出生日期：1994年2月13日

主要球衣号码：11号、21号、17号、7号、10号

国家队数据：90场44球

年少成名

　　2011年5月，德佩代表荷兰U17队出战欧洲U17足球锦标赛，在决赛中，德佩贡献一传一射，帮助球队以5∶2的比分战胜德国队，夺得了冠军。荷兰队球迷从那时就开始认识德佩，不少人还将其视为克鲁伊维特的接班人。虽然德佩此后的发展并不顺利，辗转于多家俱乐部，但在荷兰队，德佩始终都是球队在锋线上的首选。90场比赛，德佩打进了44球，送上30次助攻，这都说明了德佩在荷兰队的重要地位。

"野猪"

　　1998年世界杯1/8决赛，就在荷兰队即将被南斯拉夫队拖入加时赛之际，戴维斯在最后时刻用一脚远射打进绝杀球，帮助荷兰队战胜对手，晋级八强。这个进球充分显示了戴维斯力量充沛的特点，而他将这一特点更多用在了防守端，因为身体强壮且拼抢凶狠，在场上司职后腰的戴维斯得到了"野猪"的绰号。虽然"野猪"偶尔也会因为脾气和教练与队友产生矛盾，但在国家队的生涯之中，戴维斯还是给荷兰队贡献了自己的力量。

姓名：克拉伦斯·西多夫

出生日期：1976年4月1日

主要球衣号码：5号、4号、6号、2号、7号、18号、14号、20号、15号、10号、8号

国家队数据：87场11球

"教授"

　　1994年12月，年仅18岁的西多夫就首次入选荷兰队，而且还在处子秀上收获进球，一代伟大的中场球员就此开始了自己传奇的职业生涯。效力荷兰队的14年里，西多夫为荷兰队出场87次，其精湛的技术和丰富的经验让他获得了"教授"这个绰号，西多夫就像老师一样在球场上指导着其他的球员，让队友变得更好。虽然西多夫在荷兰队没有获得国际大赛冠军，但他在三家俱乐部都能获得欧冠冠军，足以证明西多夫的能力有多么出众。

弗兰克·德波尔　　　　　　普克·范赫尔

马努斯·弗劳顿特

里努斯·伊斯雷尔

马尔滕·斯特克伦博格

吉奥瓦尼·范布隆克霍斯特

埃德森·布拉夫海德　　尤里斯·马泰森

约翰尼·海廷加

格雷戈里·范德维尔

奈杰尔·德容

拉斐尔·范德法特　　　马克·范博梅尔

德克·库伊特　　埃尔杰罗·埃利亚

韦斯利·斯内德

阿尔扬·罗本

罗宾·范佩西

汉斯·范布鲁克伦

阿德里·范蒂格伦

罗纳德·科曼

弗兰克·里杰卡尔德

贝里·范阿尔莱　　埃尔文·科曼

扬·沃特斯

阿诺尔德·穆赫伦　　杰拉德·范恩博格

马尔科·范巴斯滕

路德·古利特　　贾斯珀·西莱森

戴利·布林德

米歇尔·沃尔姆　　　达利尔·扬马特

罗恩·弗拉尔

斯特凡·德弗赖

约尔迪·克拉谢

乔尔吉尼奥·维纳尔杜姆

约埃尔·费尔特曼

乔纳森·德古兹曼

路德·高鲁

扬·昂格布洛德

扬·波特夫列特

维姆·苏比尔

埃尔尼·布兰茨

维姆·延森

约翰·内斯肯斯

威利·范德科克霍夫

阿里·汉

罗布·伦森布林克

约翰尼·雷普

迪克·南宁加

丹尼斯·博格坎普

雷内·范德科克霍夫

维吉尔·范戴克

埃德温·范德萨

约翰·克鲁伊夫

雅普·斯塔姆

巴里·许尔斯霍夫

帕特里克·克鲁伊维特

马泰斯·德利赫特

纳坦·阿克

孟菲斯·德佩

昆滕·廷贝尔

弗伦基·德容

哈维·西蒙斯

马茨·魏费尔

最佳阵容

主力阵容（"352"阵形）

门将：埃德温·范德萨

后卫：路德·高鲁、维吉尔·范戴克、罗纳德·科曼

中场：丹尼斯·博格坎普、韦斯利·斯内德、路德·古利特、弗兰克·里杰卡尔德、阿尔扬·罗本

前锋：约翰·克鲁伊夫、马尔科·范巴斯滕

替补阵容（"442"阵形）

门将：汉斯·范布鲁克伦

后卫：吉奥瓦尼·范布隆克霍斯特、雅普·斯塔姆、巴里·许尔斯霍夫、维姆·苏比尔

中场：罗布·伦森布林克、埃德加·戴维斯、约翰·内斯肯斯、维姆·范哈内亨

前锋：罗宾·范佩西、帕特里克·克鲁伊维特

注：以上阵容通过多方数据参考得出，具有主观性，仅供阅读。

历任主帅及战绩

姓名	国家/地区	上任时间	离任时间	执教总场次	执教胜场数	执教平局场数	执教负场数
罗纳德·科曼	荷兰	2023年1月1日	–	12	7	0	5
路易斯·范加尔	荷兰	2021年8月4日	2022年12月31日	20	14	5	1
弗兰克·德波尔	荷兰	2020年9月23日	2021年6月29日	15	8	4	3
德怀特·洛德维格斯	荷兰	2020年8月19日	2020年9月23日	2	1	0	1
罗纳德·科曼	荷兰	2018年2月6日	2020年8月18日	20	11	5	4
迪克·埃德沃卡特	荷兰	2017年6月6日	2017年11月30日	7	6	0	1
丹尼·布林德	荷兰	2015年8月1日	2017年3月26日	17	7	3	7
古斯·希丁克	荷兰	2014年8月1日	2015年6月30日	10	4	1	5
路易斯·范加尔	荷兰	2012年8月1日	2014年7月13日	29	19	7	3
贝尔特·范马尔维克	荷兰	2008年7月1日	2012年6月27日	52	34	10	8
马尔科·范巴斯滕	荷兰	2004年7月29日	2008年6月30日	52	35	11	6
迪克·埃德沃卡特	荷兰	2002年1月24日	2004年7月6日	29	17	6	6
路易斯·范加尔	荷兰	2000年7月7日	2001年11月30日	14	8	4	2
弗兰克·里杰卡尔德	荷兰	1998年7月1日	2000年6月30日	24	9	11	4
古斯·希丁克	荷兰	1995年1月1日	1998年7月31日	36	21	6	9
迪克·埃德沃卡特	荷兰	1992年9月7日	1994年12月15日	26	15	6	5
里努斯·米歇尔斯	荷兰	1990年9月26日	1992年6月22日	19	11	4	4
莱奥·本哈克	荷兰	1990年5月30日	1990年6月24日	6	1	3	2
蒂斯·里布里赫茨	荷兰	1988年7月1日	1989年12月20日	11	6	3	2
里努斯·米歇尔斯	荷兰	1986年4月29日	1988年6月25日	22	12	6	4
莱奥·本哈克	荷兰	1985年2月27日	1985年11月20日	6	4	1	1
里努斯·米歇尔斯	荷兰	1984年11月14日	1984年12月23日	2	1	0	1
凯斯·赖弗斯	荷兰	1981年3月23日	1984年10月17日	21	10	3	8
扬·斯瓦特克莱斯	荷兰	1987年9月20日	1981年1月6日	22	8	5	9
恩斯特·哈佩尔	奥地利	1977年8月31日	1978年6月25日	12	8	2	2
扬·斯瓦特克莱斯	荷兰	1976年9月8日	1977年3月26日	4	3	1	0
乔治·克诺贝尔	荷兰	1974年9月4日	1976年6月19日	15	9	1	5

198

姓名	国家/地区	上任时间	离任时间	执教总场次	执教胜场数	执教平局场数	执教负场数
里努斯·米歇尔斯	荷兰	1974年3月27日	1974年7月7日	10	6	3	1
弗朗蒂谢克·法德洪克	荷兰	1970年10月11日	1973年11月18日	20	13	4	3
格奥尔格·克斯勒	德国	1966年3月23日	1970年1月28日	28	10	6	12
丹尼斯·内维尔	英格兰	1964年9月30日	1965年11月14日	8	2	3	3
埃莱克·舒瓦茨	法国	1957年9月11日	1964年5月24日	48	18	12	18
乔治·哈德威克	英格兰	1957年1月30日	1957年5月26日	5	1	1	3
弗里德里希·多内菲尔德	奥地利	1956年10月14日	1956年11月4日	2	1	1	0
海因里希·穆勒	奥地利	1956年6月7日	1956年10月13日	1	1	0	0
马克斯·默克尔	奥地利	1955年4月3日	1956年6月6日	10	7	1	2
卡雷尔·考夫曼	荷兰	1954年10月24日	1955年3月12日	1	0	0	1
亚普·范德莱克	荷兰	1949年6月12日	1954年5月30日	28	5	3	20
卡雷尔·考夫曼	荷兰	1949年3月13日	1949年4月23日	2	1	1	0
汤姆·史奈顿	苏格兰	1948年11月21日	1949年3月12日	1	0	1	0
杰西·卡尔维尔	英格兰	1947年4月7日	1948年7月31日	10	6	2	2
卡雷尔·考夫曼	荷兰	1946年3月10日	1946年11月27日	4	2	1	1
鲍勃·格伦丁宁	英格兰	1925年3月15日	1940年4月21日	86	35	15	36
约翰·伯灵顿	英格兰	1924年11月2日	1925年3月14日	1	1	0	0
比尔·唐利	英格兰	1924年3月23日	1924年6月9日	8	2	3	3
弗雷德·沃伯顿	英格兰	1919年8月24日	1924年12月31日	20	7	6	7
杰克·雷诺兹	英格兰	1919年6月9日	1919年8月23日	1	1	0	0
比利·亨特	苏格兰	1914年3月15日	1914年5月17日	4	2	1	1
汤姆·布拉德肖	英格兰	1913年4月20日	1914年3月14日	1	0	0	1
弗雷德·沃伯顿	英格兰	1912年11月17日	1913年4月20日	1	1	0	0
埃德加·查德维克	英格兰	1908年10月22日	1913年11月15日	24	13	2	9
塞斯·范哈赛尔特	荷兰	1905年4月30日	1908年5月10日	11	6	0	5

历届大赛成绩

时间	赛事名称	举办地	最终排名	备注
1930年	世界杯	乌拉圭	–	未参赛
1934年	世界杯	意大利	第9名	1/8决赛出局
1938年	世界杯	法国	第14名	1/8决赛出局
1950年	世界杯	巴西	–	未参赛
1954年	世界杯	瑞士	–	未参赛
1958年	世界杯	瑞典	–	未晋级决赛圈
1960年	欧洲杯	法国	–	未参赛
1962年	世界杯	智利	–	未晋级决赛圈
1964年	欧洲杯	西班牙	–	未晋级决赛圈
1966年	世界杯	英格兰	–	未晋级决赛圈
1968年	欧洲杯	意大利	–	未晋级决赛圈
1970年	世界杯	墨西哥	–	未晋级决赛圈
1972年	欧洲杯	比利时	–	未晋级决赛圈
1974年	世界杯	联邦德国	亚军	
1976年	欧洲杯	南斯拉夫	季军	
1978年	世界杯	阿根廷	亚军	
1980年	欧洲杯	意大利	第5名	小组赛出局
1982年	世界杯	西班牙	–	未晋级决赛圈
1984年	欧洲杯	法国	–	未晋级决赛圈
1986年	世界杯	墨西哥	–	未晋级决赛圈
1988年	欧洲杯	联邦德国	冠军	
1990年	世界杯	意大利	第15名	1/8决赛出局

时间	赛事名称	举办地	最终排名	备注
1992年	欧洲杯	瑞典	季军	
1994年	世界杯	美国	第7名	1/4决赛出局
1996年	欧洲杯	英格兰	第8名	1/4决赛出局
1998年	世界杯	法国	第4名	
2000年	欧洲杯	荷兰、比利时	季军	
2002年	世界杯	韩国、日本	—	未晋级决赛圈
2004年	欧洲杯	葡萄牙	季军	
2006年	世界杯	德国	第11名	1/8决赛出局
2008年	欧洲杯	奥地利、瑞士	第6名	1/4决赛出局
2010年	世界杯	南非	亚军	
2012年	欧洲杯	波兰、乌克兰	第15名	小组赛出局
2014年	世界杯	巴西	季军	
2016年	欧洲杯	法国	—	未晋级决赛圈
2018年	世界杯	俄罗斯	—	未晋级决赛圈
2018—2019赛季	欧洲国家联赛	—	亚军	
2020*	欧洲杯	无主办国巡回赛	第9名	1/8决赛出局
2020—2021赛季	欧洲国家联赛	—	第6名	小组排名第2名
2022年	世界杯	卡塔尔	第5名	1/4决赛出局
2022—2023赛季	欧洲国家联赛	—	第4名	
2022年	世界杯	卡塔尔	第17名	小组赛出局
2022—2023赛季	欧洲国家联赛	—	第10名	小组排名第3

注：2020欧洲杯在2021年举行，官方仍将其称为2020欧洲杯。

历史出场榜

排名	姓名	出场数
1	韦斯利·斯内德	134
2	埃德温·范德萨	130
3	弗兰克·德波尔	112
4	拉斐尔·范德法特	109
5	吉奥瓦尼·范布隆克霍斯特	106
6	戴利·布林德*	105
7	德克·库伊特	104
8	罗宾·范佩西	102
9	菲利普·科库	100
10	阿尔扬·罗本	96
11	乔尔吉尼奥·维纳尔杜姆*	91
12	孟菲斯·德佩*	90
12	克拉伦斯·西多夫	87
14	约翰尼·海廷加	87
15	马克·奥维马斯	86
15	阿隆·温特	84
17	尤里斯·马泰森	84
18	路德·高鲁	83
19	奈杰尔·德容	81
20	帕特里克·克鲁伊维特	79
20	丹尼斯·博格坎普	79
20	马克·范博梅尔	79

注：1.标注*的为现役球员，本榜单仅取前20名。
    2.本榜单数据仅包含联邦德国队。

历史进球榜

排名	姓名	进球数
1	罗宾·范佩西	50
2	孟菲斯·德佩*	44
3	克拉斯-扬·亨特拉尔	42
4	帕特里克·克鲁伊维特	40
5	丹尼斯·博格坎普	37
5	阿尔扬·罗本	37
7	法斯·威尔克斯	35
7	鲁德·范尼斯特鲁伊	35
9	阿贝·伦斯特拉	33
9	约翰·克鲁伊夫	33
11	韦斯利·斯内德	31
12	贝布·巴胡伊斯	28
12	乔尔吉尼奥·维纳尔杜姆*	28
14	基克·斯密特	26
15	拉斐尔·范德法特	25
16	马尔科·范巴斯滕	24
16	德克·库伊特	24
18	莱恩·文特	19
19	芒尼斯·弗兰肯	17
19	托尼·范德林登	17
19	约翰·博斯曼	17
19	维姆·塔普	17
19	约翰·内斯肯斯	17
19	路德·古利特	17
19	马克·奥维马斯	17

注：1.标注*的为现役球员，本榜单仅取前20名。
　　2.本书所有数据截至2024年4月30日。

图书在版编目（CIP）数据

荷兰队 / 流年编著 . -- 北京 : 北京时代华文书局 ,2024.5
ISBN 978-7-5699-5464-7

Ⅰ . ①荷… Ⅱ . ①流… Ⅲ . ①足球运动－体育运动史－荷兰 Ⅳ . ① G843.956.3

中国国家版本馆 CIP 数据核字 (2024) 第 075879 号

HELANDUI

出 版 人：陈　涛
选题策划：董振伟　直笔体育
责任编辑：马彰羚
执行编辑：孙沛源
装帧设计：严　一　范宇昊
责任印制：訾　敬

出版发行：北京时代华文书局 http://www.bjsdsj.com.cn
　　　　　北京市东城区安定门外大街 138 号皇城国际大厦 A 座 8 层
　　　　　邮编：100011　电话：010-64263661　64261528

印　　刷：河北京平诚乾印刷有限公司
开　　本：880 mm×1230 mm　1/32　　　成品尺寸：145 mm×210 mm
印　　张：6.5　　　　　　　　　　　　字　　数：129 千字
版　　次：2024 年 5 月第 1 版　　　　　印　　次：2024 年 5 月第 1 次印刷
定　　价：68.00 元